原乡大兆

风掠少陵原

王润年 编著

陕西新华出版
陕西旅游出版社

图书在版编目（CIP）数据

原乡大兆 / 王润年编著 . —西安：陕西旅游出版社，2017.7（2024.1重印）
　　ISBN 978-7-5418-3522-3

Ⅰ . ①原… Ⅱ . ①王… Ⅲ . ①村史－西安 Ⅳ . ① K294.15

中国版本图书馆 CIP 数据核字（2017）第 184713 号

原乡大兆

王润年　编著

责任编辑：韩　双
出版发行：陕西旅游出版社（西安市唐兴路 6 号　邮编：710075）
电　　话：029-85252285
经　　销：全国新华书店
印　　刷：盛大（天津）印刷有限公司

开　　本：787mm×1092mm　　　1/16
印　　张：14.625
字　　数：250 千字
版　　次：2017 年 8 月　　第 1 版
印　　次：2024 年 1 月　　第 2 次印刷
书　　号：ISBN 978-7-5418-3522-3

定　　价：78.00 元

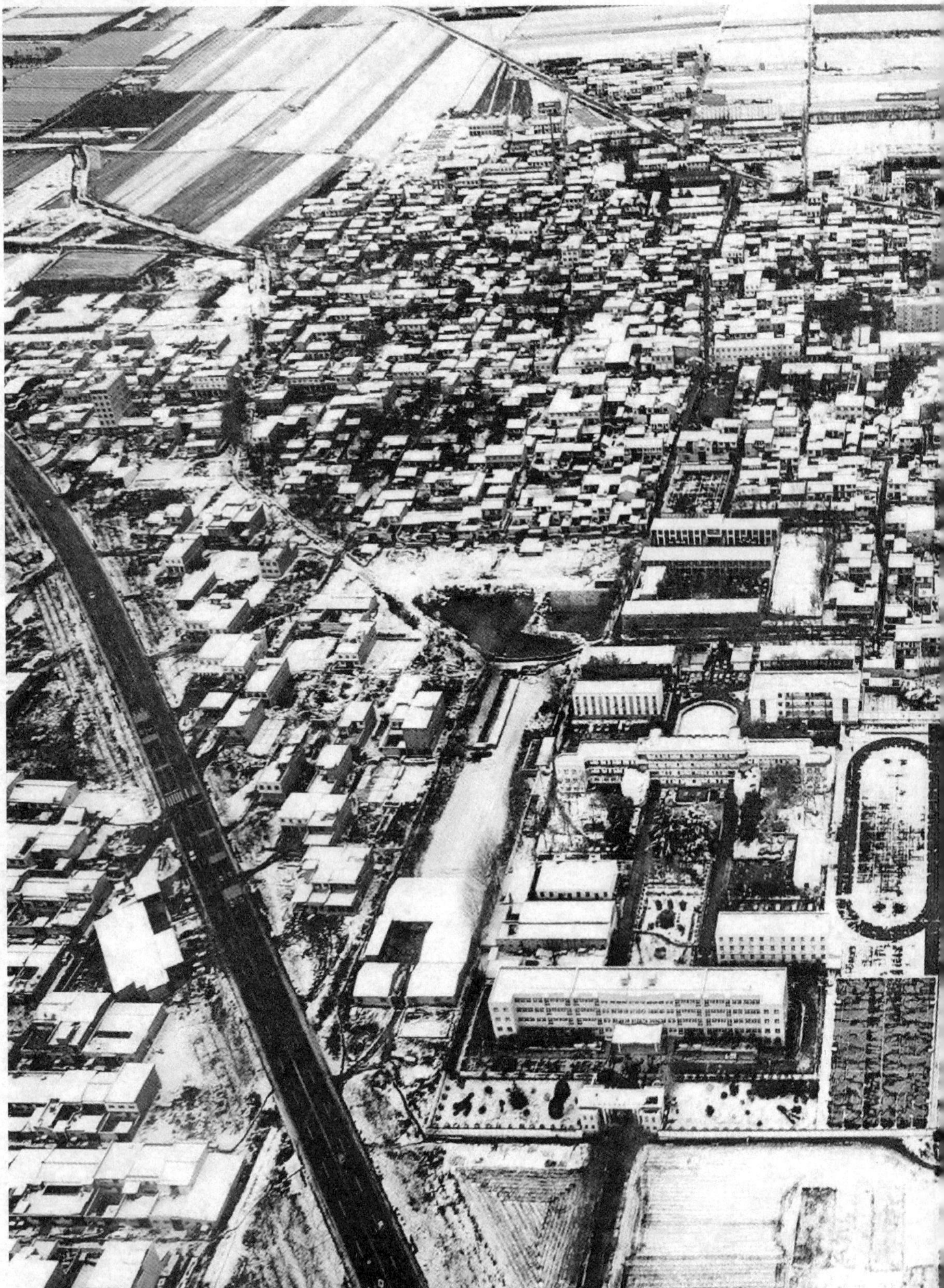

大兆街道办事处所在地——大兆村

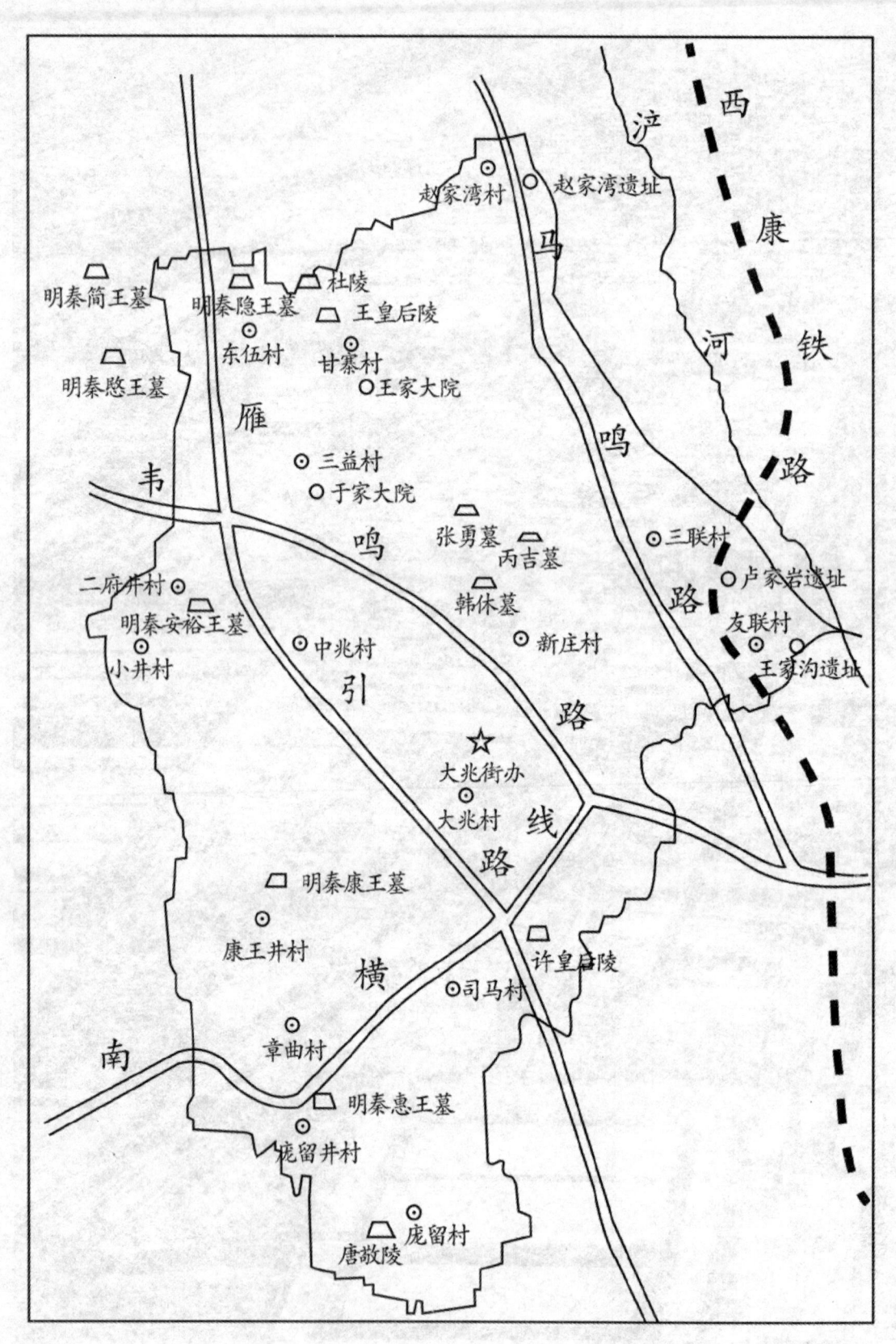

长安区大兆街道文物分布示意图

序言

守望村落，留住乡愁 / 徐树安

"暧暧远人村，依依墟里烟。

狗吠深巷中，鸡鸣桑树颠。"

陶渊明所描绘的这幅鸡犬相闻、炊烟袅袅的乡村画面，无不令当今的我们魂牵梦萦、追思记忆……

几千年来，源远流长的农耕文明深刻影响着中国的历史进程，它不仅孕育了中华文明的母体和基础，构建了中华民族核心价值观的重要精神文化资源，而且也影响着世界文明的发展走向。随着人类步入信息社会，这些承载着中国农耕文明精粹、中华传统文明的基因底片、乡土中国的"活化石"的传统村落，正在成为现代人寄托乡愁的有效"消纳地"和精神原乡！每一座村落都是不可复制的"文物"，都传承着历史记忆、生产生活智慧、文化艺术结晶，体现了一种人与自然和谐相处的文化精髓；每一座村落都是活着的文化遗产，蕴藏着鲜活的历史信息和丰富的文化景观，彰显着属于它自己的特殊的发展历程。村落在历史的栉风沐雨中存续至今，也许正是因为它始终护持着一口中国文化精神的元气！

回眸历史我们不难发现，许多时候，历史缺乏的是细节，而不是框架。英雄逐鹿、社稷兴亡之类的大事，自有专家学者在记录；而民间小事、百姓生活，更能从细微之处反映一个时代的全貌。在物质文明快速发展的今天，大兆人没有忘记历史，更没有忘记守护自己的精神家园。为了追溯大兆历史、记录大兆变迁、传承大兆文化，由王润年牵头，查史籍、访乡老、寻古迹，历时数年，终于编写出了《原乡大兆》一书。该书扬故乡之美，表桑梓之情，内容丰富，资料翔实，记事清楚，通俗易懂，体现出浓厚的乡土情怀。相信无论是走出家乡的游子，还是坚守故土的乡亲，都会为之心潮澎湃，不仅可以从中感受岁月风尘、世事沧桑，感悟现实生活启示，也可以从中寻根问祖，感受如丝如缕的乡愁！

庆幸《原乡大兆》的编撰者，顺应了时代和村民的需要，以图文并茂的形式使得大兆的历史文脉得以留存；更企盼幸存的村落能以"镌刻"在大地母体上的形式长久而立体地展现在世人面前！

莽莽少陵原，大兆居其中，斯人独爱此，又唤大兆原！无论是叫做"少陵原"或是称为"大兆原"，当你站在这片莽莽热土之上，远眺"终南阴岭之秀"，俯察"樊川田畴如画"，这种登高望远的景象总会令人感慨自身的微茫；而这一区域无比丰厚的历史积淀、星罗棋布的文物古迹、纯真质朴的乡俗民风、阡陌纵横的田野大地，更成为西安这座历史文化名城的耀眼明珠。感受着"王家沟""赵家湾"等仰韶时期的史前文明，惊叹于"杜陵""王皇后陵"等千古陵冢的气势，触摸着明秦藩王"九井十八寨"的石人石马，徜徉于"庞留""司马""康王井"等古韵乡村，默立在"唐宋八大家"之柳宗元、"晚唐小李杜"之杜牧的坟茔遗址前，其名篇佳句再现于脑海，令人浮想联翩、感慨万千……历史的画卷好像在我们眼前徐徐展开，千年的风云似乎从我们的脸颊前疾疾掠过，似乎是要我们跨越历史的长河，穿越时代的星空，来寻找那份古人留下的厚重记忆……

如今的大兆，区位优势明显、历史遗存丰富、文化资源独特，不仅是我们这一区域珍贵的资源禀赋，也是北方农耕文明鲜活的、原生态的最好展示。我们应当倍加珍视这一宝贵资源，不断发掘它的历史和人文内涵，努力将其打造成为历史文化资源富集、农耕特色鲜明的"历史文化保护传承区"。在这片"历史文化保护传承区"，我们要尽可能完整地保留原生态的、活态的、传统的民风民俗，传统的生活方式，传统的生活场景，充分彰显乡村的闲适生活、田园牧歌式的文化氛围。对这些村落的悉心保留，既是从尊重历史、传承文化的高度来看待，也是从融合当今发展需要，积极开展文化创意产业和乡村休闲旅游产业的方面来思考。企望我们付诸的行动能给当代树立一个典范，也给后代留下一份遗产，更给历史和未来一个完整的交代！

当今时代正处在农耕文明嬗变的历史节点上，随着工业化的快速发展，城市化的势头不可逆转。乡村似乎正面临着被城市吞噬的"危机"，乡村的传统活力在日渐衰退，乡土文化和精神价值被逐渐淡忘，许多村落在无奈的呻吟中消逝。许多"老旧破"的村落被拆除，"大新全"的城镇在诞生，这不但破坏了乡村原有的自然生态风貌，割裂了地域历史文化的传承，更失去了区域个性发展的特色和优势。要知道，一个个村落的消失，不仅仅是其本身"固态化"的消失，更是其所承载的历史渊源和文化脉络的消亡；相反，有效保护和守望好村落，也不仅仅是"挽救"其生命，更是延续其"精神化"的历史印记和文化篇章！

在推进现代化和城镇化建设过程中，我们必须正视乡村逐渐没落和面临凋敝的严酷事实，克服在发展认识上的片面性和主观性，重新重视乡村在国家和社会发展中的特殊地位和重要意义，要"有所为，有所不为"，更需要在实践中批判地继承和发展。万万不能以发展为借口，只顾"城"而失去"乡"，只重视"眼前"而忽视了"未来"！脱离了村落的城镇化建设，就如同无源之水、无本之木，丧失了生机与活力；离开了中华文化的浸润和滋养，城镇化建设也就失去了光彩和意义，就会抹去人们对乡土历史文化的记忆，剥夺人们对乡土亲情的依恋，割裂人们对邻里文化脉络的传承！

对于传统村落与城镇化发展的关系，我们必须要有"大历史"的思维、"大格局"的站位、"大视野"的角度；对于村落的拆除或是保护，也必须慎之又慎、三思而行，不仅要算眼前的"经济账"、"效益账"，更要算未来的"文化账"、"历史账"！一定要经过仔细研判、科学论证、认真评估，能避免拆除的就把它尽可能完整地保留下来；对于无法避免而必须要拆除的，切不可简单粗暴地将其推倒铲平，应通过留影像、树标识、立谱志等形式将其"不平凡的一生"保留下来，让它"有尊严、有体面"地向我们告别，不要让它成为被历史长河所湮灭的传奇，而要成为区域历史耀眼的坐标！让新城、新区与古镇、古村互为映衬、和谐统一，让城市与村落和谐共存、繁荣共生，让二者"各美其美，美美与共"，真正建立既能传承历史文化，又能彰显时代特色的中国式城镇化体系！

作为亲身经历了这个时代的转换和农耕文明嬗变的一代人，我们更有责任为留住根脉、记住乡愁、传承文化做些有益的事情！

敬畏村落，守望村落，记忆村落！这不仅是让村落这道古朴、自然、厚重的文化景观永驻，也是让农耕文明在历史的长河延绵不息，更是留住我们那份美丽的"乡愁"和"寻根"的记忆……

丁酉年六月廿八日于城南樊川

作者系西安市长安区政协主席

大兆 / 朱鸿

吾乡杜陵与大兆毗邻，只是吾乡之民购物办事，习惯到韦曲去，因为县城和县政府于斯，遂显大兆背得很，冷清得很，我也觉得大兆陌生得很。

大兆这一带早在两千余年之前就有村子了，汉宣帝祖母史良娣便是大兆曹村的姑娘，汉宣帝小时候便长在舅爷家。许皇后死得惨，汉宣帝是知道的，他也无可奈何，然而他对许皇后感情颇深，从而起坟于杜陵以南，于是大兆就有了少陵。岁月迁延，大兆及其周边的台地便渐渐地被呼为少陵原了。历史地理学往往研究重大问题，不过大兆似乎也充满了历史地理学的研究材料。

观察大兆可以有三个视角，我愿意试一试。错了请包涵，毕竟是乡里乡党么。

从风水的角度看大兆，它旷于中兆、三兆和小兆，否则这里的墓地不会如此之广。兆指墓地的界域，大兆者，墓地的界域之广矣！风水好，才有美穴。祖先安眠于斯，遂利于子孙。圣贤这样想，也这样做，大兆遂自古多埋权贵。

从文化的角度看大兆，这里蕴藏着丰富的纪念意义。汉相丙吉入土于斯，此为汉宣帝的意思，是要陪他的。因巫蛊之祸，汉宣帝在襁褓之中便入狱。当时丙吉任廷尉监，想方设法指使女囚养活他，并冒险送他至祖母家，就是大兆曹村一带。史记汉宣帝好游鄠杜之间，便指这些岁月。如此功德，丙吉从不张扬。汉宣帝欲了解自己的身世，反复调查，才知道丙吉之所作为。这没有纪念意义吗？不仅如此，唐代诗人杜牧及其家族，也入土于大兆司马村一带。杜牧之墓原本是有封土的，也有碑，但是 20 世纪 60 年代竟平其坟，断其碑，现在唯成一坑。这也具纪念意义。明朝 270 余年，秦王尽葬少陵原，其中康王葬康王井村。秦王陵立石人石马，又按井扎营，遂形成了新的村子，也有纪念意义。大兆尝有洪福寺，1939 年至 1949 年，长安县政府驻此办公。长安县从来是驻龙首原的，其驻少陵原时间虽短，不过其纪念意义显然。实际上远在西周，鲍伯的封邑便在大兆，其故地当是今之鲍陂，这不是也有其纪念意义吗？

从经济的角度看大兆，这里应该是有前途的。三千余年之前，大兆鲍陂一带为大夫之封邑，其生产与生活显然都比较发达。可惜人类的经济发展并非直线上升，反之，经济曾经繁荣的地方，往往之后变弱，经济曾经落后的地方，往往之后向盛。大者：非洲孕育了人类，但现在却仍很败落；欧洲在中世纪一片黑暗，但它竟突变为现代文明的摇篮。小者：关中曾经比上海发达，但今之上海却是国际化大都市。这展示了一个道理："物盛则衰，时极而转，一质一文，终始之变也。"以此道理，大兆终于迎来了自己脱贫致富的机遇，它的僻陋之况要彻底改变了。

大兆一个朋友春节见我说："大兆要巨变了，划时代革命性地涅槃了！"朋友是诗人，言语难免充满诗意，不过看起来他确实感到了一种势头，一种症候，并非诗人的夸张。我故意问他："大兆怎么涅槃？"他说："涅槃指凤凰通过浴火而重生，这你是知道的。大兆将像凤凰一样，在经济漫长的荒芜以后复活并繁荣。"我问："怎么理解？"他扬声说："这你还不明白吗？大兆虽在少陵原腹地，然而现在有公路了，地铁马上也通了，其远也不远了。重要的是，它南依秦岭，东临浐水，生态难得之优。更重要的是，有几个发展的触角已经开始向大兆延伸：一是航天基地，二是曲江新区，三是浐灞新区，四是引镇物流园区，这显然将使大兆融入大西安建设的愿景之中。最重要的是，大兆人有盼望，有信心，有毅力，也准备好了。大兆！大西安！这你还不明白吗？"我不禁笑了，并受到了诗人的感染。

我忽然产生了一个暗想，就是大兆在追赶超越的时候，在修路起楼的时候，在企业运营的时候，应该尽量保留一些历史地理的元素，不要像别的辖区，拆了村子，夷平了庙宇，从而乡愁难抒，神灵难祭，虽有华灯，也一片空虚，不亦悲夫！

丁酉年二月三日于窄门堡

作者系陕西省作家协会副主席、三秦文化研究会副会长、陕西师范大学文学院教授

【前言】

大兆 历经风华成此景

历史悠久的关中大地，物华天宝，人杰地灵。在这里，渭河奔流于黄土高原和秦岭之间，造就了一片广袤的河谷地带，孕育出历史上第一个"天府之国"；在这里，八水拢聚，萦绕长安，诞生了上下五千年的星河流转、风霜雨雪；在这里，埋藏有中华民族最辉煌灿烂的历史，根植了这个国家古老文明繁衍的基因。

位于关中平原腹地的大兆，地厚野旷，风景如画，是少陵原的中心地带，也是古时的皇家上林苑。据《陕西金石志》记载，大兆的历史可追溯到唐朝初年，在宋代的《太平寰宇志》中，已经有"大赵村"的称呼。明初因村南有汉宣帝许皇后陵，这里便被人们认为是陵墓兆域，故易名大兆村。清代雍正年间设"大兆镇"，驻大兆村，一直到民国时期，大兆都是商贾云集，货通南北，极为繁盛。

今天的大兆，北依西安曲江新区，紧靠雁塔区万亩生态林带，南接长安区引镇仓储物流园，西傍西安国家民用航天产业基地，东至浐灞生态区，距西安市区12千米，距长安区政府15千米，区位优势十分明显，为这里的社会经济发展插上了强健有力的腾飞之翅。

故史之地，曾经的"金城千里"虽已不复荣焉，但后世之人却时刻不曾忘记这片土地过往的繁荣与昌盛。今天的大兆人迎难而上，顽强拼搏，用勇于担当、敢于创新的时代精神凝聚各方力量，致富一方百姓，共同为这片土地的繁荣与美好未来播撒下新的希冀。

本书重点聚焦于大兆的过去、现在和未来，通过梦回大兆、多彩大兆、未来大兆、诗韵大兆四个章节，全面挖掘大兆的历史特色，展现大兆的人文元素，把脉大兆的未来发展，激发大兆的时代朝气，呈现大兆人"实干、创业、担当、进取"的新形象。

目录

第一篇 梦回大兆 / 2

第一节 史前文明 / 3

第二节 千古陵冢 / 5
杜陵／传奇帝王的宏大陵寝 / 5
王皇后陵／帝陵旁的千年守望 / 11
许皇后陵／汉宣帝的南园遗爱 / 13
唐敬陵／少陵原上等级最高的唐墓 / 15
丙吉墓／重识宣帝生命中的贵人 / 18
张勇墓／平定三藩的河西骁将 / 20
杜牧墓／一代文豪的长眠之所 / 23
韩休墓壁画／唐代最早的独屏山水画 / 26
无名冢／西安城南露天"博物馆" / 28

第三节 九井十八寨 / 30
明秦愍王墓／雄武文略数第一 / 39
明秦惠王墓／占尽风水叹情尽 / 42
明秦康王墓／安乐抚民勤政事 / 48
秦简王陵墓／斯人已去犹忆影 / 51
明秦隐王墓／繁华落尽梦无痕 / 54

第四节 民居瑰宝 / 56
于家大院／入了时光的画卷 / 56
王家大院／诗礼一缕传家风 / 62

第五节 古韵乡村 / 64
大兆村／从盛唐踽踽而来 / 64
庞留村／莽莽原土藏盘龙 / 69
鲍陂村／那里流淌着潺潺时光 / 73
司马村／千年古村话沧桑 / 77
康王井村／一个"讲究"的村落 / 82
中兆村／平淡优雅的历史记忆 / 86
二府井村／细数流年得与失 / 90
小井村／逐渐远去的风骨 / 93

第六节 史海沉钩 / 96
大兆／中华民国长安县政府所在地 / 96

第七节 流风遗俗 / 98
大兆社火／氤氲在乡土上的缕缕乡愁 / 98

第二篇 多彩大兆 / 104

第一节 从乡村到城镇华丽转型 / 105
加速主干道路改造 构建完整交通路网 / 105
悠居秀美川原之畔 初现青翠花柳新城 / 109
寄梦区域经济提升 打造高速发展新区 / 114

第二节　农业嬗变的探索之路　/ 116
一村一业　引领产业大发展　/ 117
麦香大兆　城南蔬果满园香　/ 119
精品种植　打造农业新品牌　/ 121
转型发展　特色产业增效益　/ 124
第三节　民生工程的暖心事　/ 128
安置社区　生活环境大提升　/ 128
惠民政策　民生保障全覆盖　/ 130
文化大餐　群众生活更丰富　/ 133
第四节　家门口享优质教育　/ 137
第五节　党建春风润无声　/ 140
机制创新　让党建之花别样红　/ 140
抓"十个好"　让党建之根更牢固　/ 142
务实为民　让党建之本更有效　/ 143
第六节　最美大兆人——从黄土
地走出的拓荒者　/ 145
"瓜大姐"宁蒋娟走上品牌农业致富路　/ 145
大兆现代科技农业带头人刘华伟　/ 149

第三篇　未来大兆　/ 151
大兆正在下的一盘大棋　/ 152
开放理念　大兆的朋友圈　/ 154
共享理念　文化软实力背书　/ 158
协调理念　优美小镇的大兆表达　/ 161
创新理念　借力合作谋长远　/ 164
绿色理念　引领建设生态长廊　/ 167

第四篇　诗韵大兆　/ 170
古诗词篇　/ 171
散文集篇　/ 178
大兆，那醉心的湛蓝　/ 178
少陵原的文化遗产　/ 180
少陵原之美　/ 182
少陵原赋　/ 184
杜陵泪眼望少陵　/ 186
感悟少陵　/ 188
古原生风，斯地大兆　/ 192
漫步少陵原　/ 197
家在原上　/ 200
秋天的少陵原　/ 202
少陵原上的新亮点　/ 204
少陵原的夏夜　/ 206
少陵原归来　/ 208
寻找杜牧　/ 210
一池碧玉入梦来　/ 213

【附录】　/ 215
长安区大兆街道名人录
【后记】　/ 218

少陵最高处,旷望极秋空。
君山喷清源,脉散秦川中。

——(唐)吕温

第一篇 梦回大兆

少陵原中部及浐河以西的川道地区,是今大兆街道办事处的管辖地,这里为西安东南最高台原区,地质上属秦岭北麓黄土台原区。在这片土地上,川原皆俱,地貌多样,发源于秦岭北麓的浐河从这里汩汩流过,历经白鹿原和少陵原向北汇入黄河。山川水原的滋养和偏爱,让大兆繁衍出生生不息的人类文明,从遍布大兆的各类墓冢群到民间盛传的"九井十八寨",远古及周、汉、唐、明、清等时期的遗址在这里均有踪迹。

第一节 史前文明

少陵原畔，南有苍苍秦岭，北有绵绵北山，浐灞两河蜿蜒其间，孕育出了辉煌璀璨的古代文明。炎黄旧迹，周秦名胜，汉唐故都，加上众多的新石器时代遗址，这一区域，以其无比丰厚的历史积淀，星罗棋布的文物遗存，成为考古学家向往的圣地。

位于大兆街道友联村东200米处的王家沟遗迹，地处浐河西岸二级阶地上，面积约5万平方米。文化层厚1.5～2.7米，暴露有灰坑。1957年文物考古发现有仰韶文化时期的陶片、陶环以及西周的夹砂灰陶绳纹鬲、罐等残片。

在大兆街道友联村所属卢家崖自然村以南约200米处，有一片遗迹被历史研究者称为卢家崖遗迹，面积约15万平方米，文化层厚度不详。采集有泥质红、灰陶和夹砂红陶片，饰绳纹及黑彩条带纹，器形可辨罐、盆等，同属仰韶文化遗存。

地处大兆街道赵家湾村南150米处的赵家湾遗迹，面积约25万平方米，文化层厚0.5～4米。1957年文物考古发现有仰韶文化的陶片、陶环以及龙山文化的灰陶片、鬶鋬及磨制石球、西周时期的灰陶片及鬲足等。

仰韶文化是黄河中游地区重要的新石器时代的一种彩陶文化，其持续时间大约在公元前5000年至公元前3000年，分布在整个黄河中游，即今天的甘肃省到河南省之间。

作为一个以农业为主的文明时代，仰韶文化时期的制陶业发达，当时的人类较好地

仰韶文化时期居址

掌握了选用陶土、造型、装饰等工序。陶器种类有钵、盆、碗、细颈壶、小口尖底瓶、罐与粗陶瓮等，其彩陶器造型优美，表面用红彩或黑彩画出绚丽多彩的几何形图案和动物形花纹，其中人面形纹、鱼纹、鹿纹、蛙纹与鸟纹等形象逼真生动。这时的陶器是以红陶为主，灰陶、黑陶次之，主要原料是黏土，有的也掺杂少量砂粒。在仰韶陶器中，细泥彩陶具有独特造型，表面呈红色，表里磨光，还有美丽的图案，是当时最闻名的。王家沟遗迹、卢家崖遗迹都反映了当时制陶工艺的水平，具有一定的代表性。

第二节 千古陵冢

杜陵／传奇帝王的宏大陵寝

深冬的西安城，雾锁群楼，尘埃弥漫，城市又一次遭遇了现代文明的冲击。

驱车驶入位于大兆街道甘寨村和东伍村以北的杜陵遗址公园，园中树木在车行间明暗转换，似乎一石一草一木都在诉说着千年前汉宣帝的传奇故事。登陵远眺，寒风凛冽，周围大大小小的陪冢星罗棋布，牵动了我的思绪，以至这历史上的一代雄主和皇后王妃们竟也"穿越"而来。

刘询是汉武帝刘彻的曾孙，戾太子刘据之孙，史皇孙刘进之子，西汉第十位皇帝，公元前74年至公元前49年在位。年少时的刘询命运悲惨，历经巫蛊之祸，当时尚在襁褓中的他曾下狱，后被祖母史家收养，直到汉武帝下诏掖庭养视，才属籍宗正。元平元年（前74年）昌邑王刘贺被废后，霍光等大臣将他从民间迎入宫中，先封为阳武侯，于同年7月即位，时年十七岁。第二年改年号为"本始"。他也是中国历史上一位在即位前受过牢狱之苦的皇帝。

由于刘询幼年遭遇变故，长期生活在民间，因此对百姓疾苦和吏治得失有所了解，这对他的施政有直接影响。他在位期间，励精图治，任用贤能，贤相循吏辈出。他能注意减轻人民负担，恢复和发展农业生产。他重视吏治，认为治国之道应以"霸道""王道"杂治，反对专任儒术。在对外关系上，刘询于本始二年（前72年）曾联合乌孙打击匈奴，设置西域都护府监护西域诸城各国，使天山南北这一广袤地区正式归属于西汉中央政权。

宣帝在位期间，全国政治清明、社会和谐、经济繁荣，史称"宣帝中兴"，还有史家说，

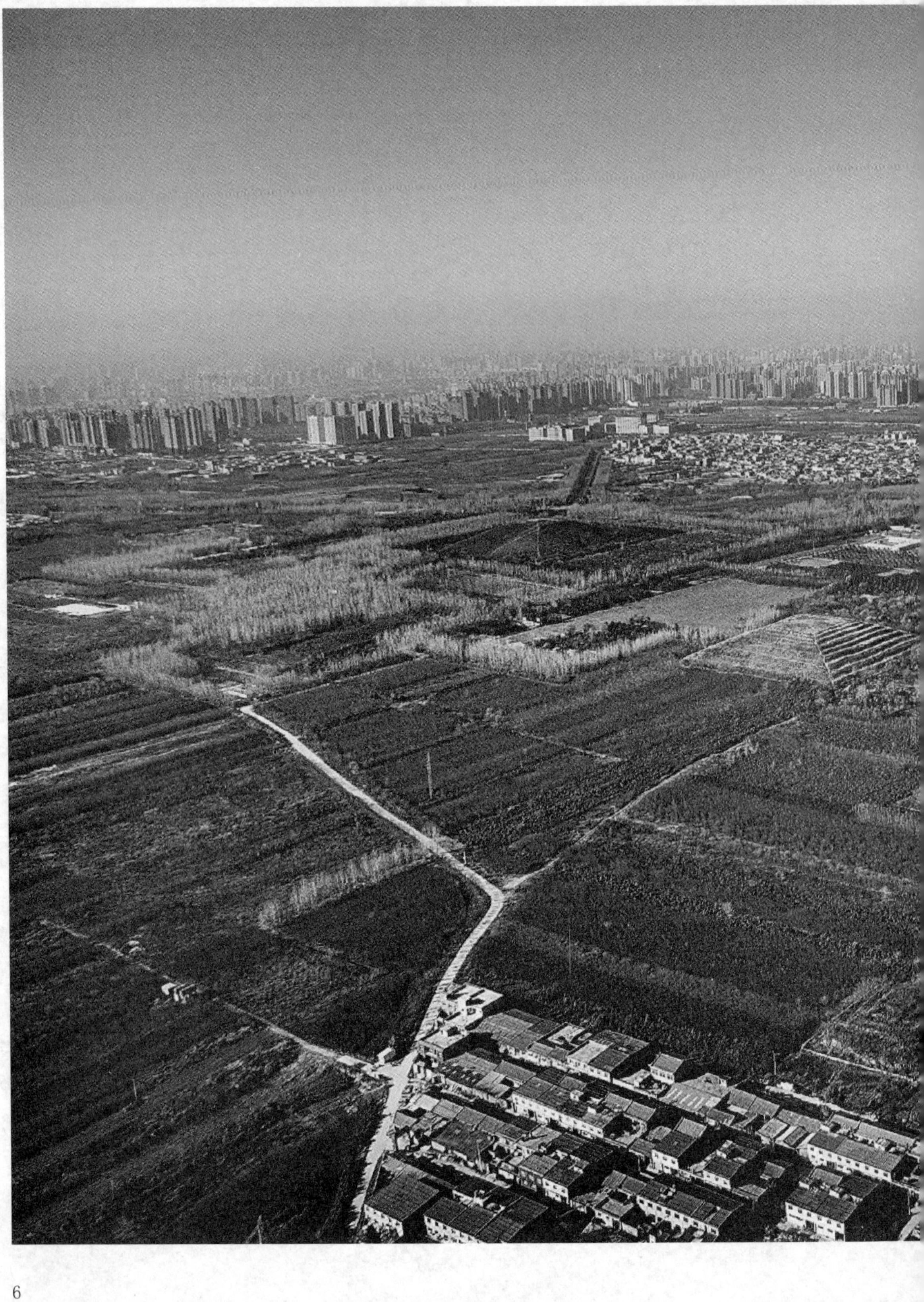

第一篇 梦回大兆

汉宣帝陵保护区全景

汉宣帝像

汉宣帝画像

宣帝统治时期是汉朝武力最强盛、经济最繁荣的时候。在以制定庙号、谥号严格著称的西汉历史中，中宗宣帝刘询是四位拥有正式庙号的皇帝之一。

黄龙元年（前49年）十二月，刘询因病死于长安未央宫，谥号孝宣皇帝，葬于今天西安市南郊的杜陵。

在少陵原这片坟场里，汉宣帝是活着的皇，死后也是这座原最大的王，他的陵冢是原上最大的墓冢。据史料记载，杜陵始筑于元康元年（前65年），初元元年（前48年）汉宣帝葬于此。据《汉书·宣帝纪》记载，元康元年（前65年）春，以杜东原上为初陵，更名杜县为杜陵。杜陵之名源于杜县。杜陵位于杜县以东鸿固原的最高处，风景秀美，南望终南名山如屏，北眺京师宫观似锦；东临浐水白鹿原，西傍宜春下苑。尚在襁褓中的刘询因受戾太子牵连被收监入狱，出狱后没能返回宫中而生活在杜县，即帝位后，怀念青少年的那段平民生活，故预作寿陵于此。

杜陵陵区范围南起今长安区大兆街道东伍村、甘寨村，北至西安市雁塔区曲江新区马腾空村，西自三兆村西，东到浐河西岸，东西长3千米，南北长4千米。杜陵陵园呈平面方形，边长430米，墙夯筑，基宽8米。四面正中各辟一门，门址通宽85米，进深20米，由门道、左右垫和左右配廊组成。门道宽13.2米，底铺素面方砖，正对陵墓羡道。门道两边为左垫和右垫。左右垫外侧，分别与左右配廊相连。

寝园位于陵园东南，四周筑墙，北墙利用陵园南墙东段。平面长方形，东西长173.8米，南北长120米。辟有南门3座，东门和西门各1座。寝园里有寝殿和便殿两组建筑。寝殿是寝园的主体建筑，位于寝园西部，东西107.8米，南北110.6米，面阔十三间，进深五间。周施回廊，地铺素面方砖，廊外有卵石散水。便殿在寝园东部，是一组多功能的建筑群，由殿堂、院落和成套的房间组成，有周密的地下排水设施。寝园南部有大面积的房屋建筑，当为守陵者住所。

陵墓居陵园中央，封土覆斗形，底部和顶部边长分别为175米与50米，高29米。四面正中各有一条羡道通向地宫，大小、形制基本相同，宽8米，底部在封土边处深达

大兆境内出土的汉代瓦当

20米。陵邑位于杜陵西北2.5千米，平面长方形，东西2100米，南北500米，是西汉诸陵邑中人口较多的一座城邑，居民中有不少"随帝徙陵"而居的达官显贵。

1988年，杜陵被中华人民共和国国务院公布为全国重点文物保护单位，出土遗物主要为砖瓦建筑材料。砖有方砖、长条砖，纹饰有素面、几何纹和小方块纹，瓦当有"长乐未央""长生无极"，还有铁刀、铁函、铁钎、鎏金铜构件、铁镞和五铢钱、大泉五十等。

时光易逝，岁月难回。曾经威名赫赫的汉宣帝如今长眠于少陵原，任其煊赫一生，也难免被历史的长河所湮灭，然而对于西安这座城市来讲，他的命运却依然牵动着这座城的过去与未来。

汉宣帝陵一隅

汉宣帝陵寝园复原图

王皇后陵

王皇后陵 / 帝陵旁的千年守望

　　西安的秋天，总是来得那么急，仿佛一夜之间，秋风就吹走了夏日的燥热，整个世界突然变得明朗光亮起来。位于少陵原上的杜陵文化生态景区迎来了一年中最美的季节，整个林区层林尽染，绚丽斑斓，银杏树金黄炫目，五角枫深红醉人，钻天杨高举满树黄叶，一抹翠绿，一抹金黄，一抹深红装点出了一条美不胜收的"黄金大道"，令游客流连忘返。

　　王皇后陵就矗立在这片满目璀璨的景观林中，与汉宣帝陵咫尺相望。

　　祖籍丰沛的王皇后，其先祖与刘邦同时参加了秦末农民战争，立有战功，西汉初年，由丰沛徙居长陵。宣帝刘询在位期间共册封了三位皇后，即位初立糠糟妻许平君为婕妤，进而立为皇后。本始三年（前71年），刚刚当了3年皇后的许平君，就被霍光的妻子勾结御医淳于衍用毒药害死。霍光老婆毒死许平君以后，通过霍光设法使宣帝立其女儿霍成君为皇后。霍光死后，此事败露，霍氏谋反未遂，家族被夷。霍皇后也被废，居上林苑昭台宫，12年后自杀于云林馆，葬在今蓝田县城西南的昆吾亭附近。霍皇后被废后，汉宣帝立王婕妤为皇后。

　　王皇后活了70多岁，至成帝永始元年（前16年）去世，与宣帝合葬杜陵。在今天长安区大兆街道甘寨村以北、东伍村以东、赵家湾以西、杜陵以东的田野里，王皇后陵

11

静静地矗立在宣帝杜陵旁边，距杜陵东南575米，又称东园，陵墓封土亦为覆斗形，底部和顶部边长分别为145米和45米，高24米。

王皇后陵的陵园及其门址形制与杜陵陵园基本相同，唯其规模较小。陵园平面呈方形，边长东西335米、南北334米，墙基宽3.5米，陵园四面墙垣中央各辟一门。从已试掘的三座门址和发掘的一座门址来看，四座门的形制、大小基本相同，各门距封土为89米。

寝园位于王皇后陵西南，呈长方形，东西129米，南北86米。和宣帝陵寝园一样，王皇后陵寝园里也有寝殿和便殿两大建筑。寝殿位于寝园的西部。大殿夯土台基东西长39.8米，南北长27.13米，现存高0.5米。寝殿北部可能是主要礼仪活动场所，这与宣帝陵的寝殿相似。便殿在寝殿以东，从钻探和试掘获得的考古资料来看，便殿东西长33米，南北长73米。便殿中包括殿堂、院落和成组小房屋。在寝园南部还有大面积建筑物，大概是从事陵事活动的杂役人员、侍卫兵士及守陵人员的住地与活动场所。

从杜陵望去，王皇后陵前已是落叶纷飞，那黄灿灿的秋叶在阳光照耀下散发出迷人的光彩。月坠花折千年后，能够守望在帝陵旁惯看原上的春花秋叶，这正是王皇后生前的心愿。

王皇后陵石碑

汉孝成许皇后陵

许皇后陵 / 汉宣帝的南园遗爱

少陵原上风光秀丽，原野空旷，举目望去，关中平原的辽阔与平坦之势显露无疑，不论是大诗人杜甫、杜牧，还是寇准或康有为，到了少陵原都是感慨万千。宋代宰相寇准曾在少陵原吟道："寺对南山积翠浓，水村鸥鹭下遥空。层楼望尽樊川景，恨不凭栏烟雨中。"可惜的是行色匆匆，路迹难寻，寇准不能尽兴，只好遗憾惆怅而去。

今时的少陵原上，路况已是往昔岁月所不能比的。从西安雁环路出发，沿雁引路南行至约 8 千米处的大兆街道司马村旁，便是宣帝许皇后的陵冢，因为规模比汉宣帝的杜陵小，被称为"小陵"，又因为古代"少""小"二字通用，故称少陵。

许皇后本名许平君，昌邑（今山东菏泽市巨野县）人，是汉宣帝在民间时的妻子，汉宣帝未登基时，即为其生下一子，即后来的汉元帝刘奭。汉宣帝即位后，便册立许平君为他的第一位皇后，尽管当时公卿们都倾向于册立大将军霍光之女为后，但未明言。

史料记载，公元前 72 年，霍光的夫人霍显想让她的小女儿霍成君成为皇后，但一直苦于没有机会。本始三年（前 71 年）许平君再度怀孕，霍光的夫人唆使给许皇后看病的女医淳于衍在皇后分娩时加以毒害。许平君生产后，女医设定计谋让皇后饮服了毒药，不多久许皇后就头晕脑涨，很快就死了。许平君死后，汉宣帝很伤心。于是，追封许皇后为"恭哀皇后"。

据西汉帝陵保护管理中心主任王京平分析:"当时汉宣帝悲痛万分,却因为才继位不久,而对此事隐忍不发,后来还立霍光之女为皇后。直到霍光去世后,刘询为给许皇后报仇,一举诛灭霍氏家族,将霍皇后也贬为位分很低的嫔妃,被贬后的霍皇后死后甚至连陪葬杜陵的资格都没有。"

尽管许平君19岁便离世,但其一生也算受尽宠爱。在刘询落难时,许平君对刘询不离不弃,当上皇后之后,细心打理后宫,而刘询能够力排众议立平君为皇后,还能为其报仇,对于许平君来说,相比班婕妤、卫子夫等人,她已是十分地幸运。然而令世人不解的是,当初宣帝为何要将自己的糠糟之妻葬得离杜陵如此之远,后人思来想去,只能得出一种可能,那就是霍光老婆想给自己的女儿留块好地,故意指使刚登基不久的汉宣帝如此为之。可人算不如天算,霍皇后死后甚至连陪葬的资格都没有,而许皇后陵离杜陵虽有距离,但后人还是将其划归杜陵茔域,因此史称"杜陵南园"。

许皇后陵与茂陵李夫人墓很像,三层台阶,所谓"英陵"。封土底部东西长134米,南北长139米。底台台面宽8米,台高7米;中台台面南、北各宽10米,东、西各宽12米,台高7米;顶台东西长38米,南北长44米,台高8米。这种封土外形,或许象征"昆仑"。《尔雅·释山》记载:"三成为昆仑丘。"中国古代人们认为,死后人去西天,而昆仑山又是彼岸世界最高统治者的住地。汉宣帝将许皇后陵墓筑成"昆仑"形,看来"寻微时佩剑"定是汉宣帝的肺腑之言。

往事如烟,王朝几经更迭,人世间依然不紧不慢地上演着一幕幕历史活剧,随即又急匆匆地轮番谢幕。昔日的大汉王朝疆土多次易主,恍惚间,许皇后好像还信步于陵上,柳叶眉长,樱桃朱唇,裙裾飘飞,正慵懒地享受着曼妙悠闲的午后时光……

许皇后复原画像　　　　　　　　汉孝成许皇后陵碑

唐贞顺皇后敬陵石椁

唐敬陵 / 少陵原上等级最高的唐墓

原，在关中地区是指因大河水冲刷形成的高地。位于西安城南的少陵原，原面开阔，地势高低起伏，从原上南望秦岭，北俯古城，长安八水之一的浐河就在脚下汩汩流淌。

少陵原上有大大小小的坟冢达千座之多，埋葬了许许多多在历史上能找着姓名且有一定身份地位的王侯将相和达官贵人，然而时至今日，能看见有冢有封土的不及原来的二十分之一，这一众陵冢当中，汉墓占了绝大多数，敬陵作为少陵原上为数不多的唐墓，也是原上级别最高的唐墓。

敬陵墓主人是历史上赫赫有名的唐玄宗的宠妃——武惠妃，即唐玄宗贞顺皇后武氏（699年－737年）。她是武则天的侄孙女，幼年丧父，被武则天接进宫内抚养，后被唐玄宗宠幸，封为惠妃，由于宫廷争斗惊恐而死，死后被追封为皇后。

据《唐玄宗贞顺皇后敬陵地望考》及新旧《唐书》记载，唐玄宗李隆基先后有三位皇后：第一位，王皇后，同州下邽（今陕西渭南）人。第二位，贞顺皇后武氏，恒安王武攸止之女。幼入宫，玄宗即位，寝得幸，时王皇后废，进册惠妃，其礼秩比皇后。开元初生夏悼王李一及怀哀王李敏，上仙公主，并襁褓不育，又生寿王李瑁，盛王李琦，咸宜、太华二公主。第三位，元献皇后杨氏，弘农华阴（今陕西华阴）人。

敬陵石雕陪葬品　　　　　　　　石椁上的精美壁画

　　唐玄宗李隆基嫔妃无数，但是万千宠爱中只有两个最爱，其中一个就是伴随他走过开元盛世的武惠妃。由于容貌娇美，性情乖巧且善于逢迎，武惠妃深得玄宗的欢心。为此，李隆基废了王皇后，打算把武惠妃立为皇后，被群臣阻之，一是她出身武家，武家多是乱朝纪之人，二是太子非她所生，一旦立后，害怕储君地位不安，这才没成功。

　　后来，武惠妃想立自己的儿子寿王李瑁当太子，不择手段，设计加害了原来的太子李瑛与另外两个皇子。唐开元二十五年，年仅38岁的武惠妃受惊吓而死。武惠妃生前享受的是皇后的待遇，死后更是被谥为贞顺皇后，她的墓被封为敬陵，并立庙祭祀。随着她的死去，儿子李瑁的太子梦也随之破灭。而武惠妃没有想到的是，她的儿媳妇后来竟成了丈夫的女人，这就是显赫一时的杨贵妃。

　　旧日，在长安区大兆街道庞留村西侧，当地群众祖祖辈辈只知道村外有个高19米、周长56米的覆斗形状的大冢，并不知葬的是何人，一直到2004年大冢被盗，文物部门发掘后这才知道大冢的真实主人。

　　2007年3月，陕西历史博物馆、陕西省考古研究院、长安区文物局联合对庞留唐墓进行抢救性发掘。期间，考古人员在一块玉质哀册残块上，发现了"贞顺"两个相连的字，其中"贞"字非常完整，"顺"字只有上边部分，但仍能清晰地辨别出就是一个"顺"字。这与贞顺皇后的哀册正好可以对上。这两个字的出土，再加上文献记载、墓葬形制等证据，有力地说明出土石椁的庞留村唐墓就是埋葬贞顺皇后的敬陵。

　　目前，敬陵遗迹区域占地面积约1.33公顷，地面现存覆斗形夯土墓冢，封土南北残长53米，东西残长56米，高19米，原底座占地面积约0.67公顷，由于历史和人为的原因，封土堆受到一定破坏，但基本保持原貌，墓道、天井、甬道、墓室及陵前献殿等遗址具有较高的考古价值和旅游价值。

2010年6月，经陕西省公安和文物部门追索，流失美国长达5年之久的唐代贞顺皇后（武惠妃）陵墓石椁回归陕西历史博物馆。现在被静静地放置在博物馆内供游客参观。

时光是一条无情的河流，流去了昔日的繁华与辉煌，却将命运与文化留下。任凭武惠妃生前多么风华绝代，冠绝天下，死后也仅仅只留下一座小小的墓冢，于后人而言，她的一生悲喜也罢，遗憾惆怅也罢，只不过是后人茶余饭后的一个故事而已。

敬陵封土堆

位于新庄村东北的丙吉墓封土堆

丙吉墓 / 重识宣帝生命中的贵人

隆冬渐暖,少陵原上的麦苗已青青一片,行走在少陵原上,一座座大小冢似乎在诉说着一段段苍凉的历史,让人不由得感叹这片土地孕育出了无数伟大的历史传奇人物。

西安市长安区大兆街道新庄村东北的少陵原东岸,便是汉宣帝生命中的贵人丙吉的墓冢。丙吉墓坐北向南,占地宽广,宏伟高大。其封土高十余米,墓基四周经步量各有50米长。从正面看,封土东西两边略高,中间向下塌陷,形似簸箕,当地群众称之为"塌冢"。

据清康熙《咸宁县志》所载,"丙吉墓,鲍陂原南,俗呼塌冢"。清康熙《咸宁县志》还附载明马元善《题丙吉墓》五言诗一首,诗曰:牛耕识相度,羊牧叹童蒙。此日君臣葬,当年婴杵功。悠悠浐水泮,膴膴杜陵东。露草秋藏兔,夕阳晚咽鸿。清嘉庆《咸宁县志》载:"丞相丙吉墓,在新庄村北二里,乾隆四十一年巡抚毕沅、知县丁尹志立石题墓,墓周二十四丈。"一系列史料记载证实了丙吉死后就葬在少陵原东岸。

丙吉为西汉名臣,少时研习律令,初任鲁国狱史,后来因牵连罪案免职,回到州里做了从事。征和二年(前91年),巫蛊之祸发生,丙吉因为原来是廷尉右监被征召到朝廷,汉武帝命他治理巫蛊于郡邸狱。当时汉宣帝刘询出生几个月,因为是皇曾孙,被卫太子刘据牵连关在狱中,丙吉看了很同情他,心知太子无事实证明有罪,特别同情曾孙无辜,于是挑选谨慎厚道的女囚徒，命令她护养刘询，放在宽敞干燥的地方。

公元前 87 年，汉武帝病重，望气的人说长安狱中有天子气，武帝便派使者分别登记监狱中关押的人，不分轻重一律都杀掉。内谒者令郭穰夜晚到郡邸狱，丙吉闭门拒绝使者进入，说："皇曾孙在，别的人无辜杀死都不可，何况皇上的亲曾孙？"双方相持到天明，郭穰不能进去，于是回去报告武帝，并弹劾丙吉。汉武帝也醒悟了，说："这是天的保佑。"于是大赦天下。郡邸狱关押的人独赖丙吉得生，而大赦之恩又遍及天下。刘询重病，几次几乎死去，丙吉多次嘱咐护养他的乳母好好用药治疗，用私人财物供给他的衣食。

因此，丙吉不仅是汉宣帝的救命恩人，也是其生命中的贵人。

历史上，关于丙吉还有一则流传很广的故事，那就是丙吉问牛。据说丙吉一次外出，碰上争道群斗，死伤的人横于道路，丙吉经过却不问，掾史感到很奇怪。丙吉向前走，碰上有人赶牛，牛喘气吐舌，丙吉停下来，派骑吏问那人："赶牛走了几里路？"掾史认为丞相前后失问，有的因此指责丙吉。丙吉说："百姓斗殴死人，有长安令、京兆尹管，我只一年一次检查他们的政绩优劣，上奏皇上或赏或罚而已。宰相不过问小事，但春日未热，牛喘气吐舌，恐季节失调，又有什么灾害，好预先防备，这是三公要管的大事，因此过问。"掾史才心服，认为丙吉识大体。

凝望丙吉墓，遥想千年前，这位西汉名臣在大汉王朝危机重重之下，挽救了西汉王朝的一室血脉，创造出属于那个年代的一段段惊心动魄的历史故事，后人也只有唏嘘感叹之份。

现存丙吉墓壁画

航拍少陵原上的张侯坟村

张勇墓 / 平定三藩的河西骁将

站在少陵原上,人总是很容易掉进历史的漩涡。登高放眼,原下一马平川,天际线尽头的终南山蜿蜒起伏,恰似一条巨龙般从山边绵延到原下。每每看见这种景象,总会让人感慨自身的渺小。

少陵原有个村子叫张侯坟村,这是长安区大兆街道郭庄村的一个自然村,东临浐河西岸,北有常兴村,西有三益村,南与东曹村和新庄村相接,在村中远眺可望见白鹿原。顾名思义,这里是一位张姓侯爷的坟墓所在。

"张侯坟"这个名词既指张勇墓,也代表张勇墓所在的这个小村庄。如今,这个仅有30多户的小村庄中,随处都能看到石马、石基座等文物。村中田地中还保留有3座墓冢,长眠在此的就是清初平定三藩之乱、被称为"河西四将之首"的大将张勇。

据《清史稿》记载,张勇字非熊,是陕西咸宁(今陕西西安)人,本为明朝的一位副将,顺治二年(1645年)降清,担任游击,隶属陕西总督孟乔芳的麾下。张勇一生中最大的亮点,是在平定"三藩之乱"时的出色表现,这也成为他被清朝诸位皇帝所称道的最主要原因。康熙十二年(1673年),吴三桂在云南举兵造反,这就是后来的"三藩之乱"。吴三桂举事之初,认为陕西是天下之脊,而当时在陕西手握重兵的是王辅臣和张勇,吴三桂与王、张二人都很熟悉,于是,吴三桂便遣人给王辅臣送去密函,并让王辅臣送信给张勇,希望得到这两位大将的支持。然而一开始，王辅臣看完信后并没有通知张勇，而是让其子押着信使连夜献给朝廷。张勇得知此事后大怒，认为王辅臣独自献忠于朝廷，却出卖了自己，让朝廷反而怀疑自己不忠。不过，积极献忠于朝廷的王辅臣竟在陕西宁羌兵变中倒向了吴三桂，而张勇也许是受到王辅臣出卖自己一事的刺激，反而坚定地站在了以康熙为首的清廷一方，并领兵镇压叛乱，为稳定清朝的西北局势做出了重大贡献。

在金庸小说《鹿鼎记》中，张勇被派到京城后与韦小宝、赵良栋、王进宝、孙思克结为兄弟。实际上，张勇与赵良栋、王进宝、孙思克一起，被时人称为"河西四将"。所谓河西四将，是康熙年间对在平定三藩之乱中有功的四位河西籍绿营将领的称呼。其中张勇排名第一，赵良栋、王进宝则是由张勇一手提拔起来的。张勇因此也被史书称作是宾礼贤士、人尽其才的将才。

张勇死后赐葬于少陵原上，陵旁边的郭庄村分为两个自然村，其中一个自然村就叫张侯坟。据《长安地名志》载，郭家庄为当年修建张侯坟时从渭河以北而来的石匠，在坟修成后定居于此处而逐渐形成的村落。

现在的张勇墓位于张侯坟村的田地里，共有3座墓冢，1座大冢，2座小冢，大冢高约3米。墓冢前的果园里，残存有墓碑一座，高约3米，宽约1米，赑屃碑座，蟠龙碑首，

张侯坟石碑局部

21

村北的碑石基座　　　　　　　　　散落村东的石人

碑身断成几节，上面铭文字迹模糊，已无法辨认。村中老人张杰说，过去，碑南还有祠堂，祠堂前有一对蹲着的石狮子，还有一对1米多高的石鼓，石鼓上有麒麟图案。祠堂在清末被烧毁，石狮和石鼓有的埋在了田地里，有的找不到了。

走在张侯坟村中，随处可见散落着的文物。在村中的一片玉米地里散落着张侯墓的翁仲，这些翁仲过去都伫立在神道两旁，有石马、石羊、石麒麟、石人各一对。村民说，本来还有一对石狮子，前几年被盗，所幸的是近年来政府部门的重视，张侯坟得以受到更多的保护。

杜牧墓遗址

杜牧墓 / 一代文豪的长眠之所

邈邈云浮，天边阴岭如垣；极目远眺，八百里秦川似盘龙，这正是唐人诗中描写的少陵原景象。在那个诗人辈出的盛唐年代，少陵原也曾是文人骚客们最爱的地方，有不少诗人在这里留下了不朽的传世名作。

杜牧，作为晚年在少陵原上长居的晚唐文豪，被后世称为"杜樊川"。杜牧一生写了许多诗，尤以七言绝句著称，著有《樊川文集》，内容以咏史抒怀为主。杜牧的诗英发俊爽，多切经世之物，在晚唐成就颇高，人称"小杜"，以别于杜甫的"大杜"。

杜牧在家族中排行十三，根据唐人的习惯，因此被称为"杜十三"。杜牧政治才华出众，他十几岁的时候，正值唐宪宗讨伐藩镇，振作国事，他在读书之余，关心军事。后来杜牧专门研究过孙子，写过十三篇《孙子兵法》注解。杜牧23岁作《阿房宫赋》，25岁写下了长篇五言古诗《感怀诗》，26岁进士及第，被授弘文馆校书郎、试左武卫兵曹参军。

宣宗大中二年（848年），得宰柏周墀的帮助，杜牧入为司勋员外郎、史馆修撰，转吏部员外郎。任司勋员外郎不到一年，杜牧就因为京官俸禄低，而难以养家请求外放杭州刺史，但是没有得到批准。大中四年（850年），他被升为吏部员外郎。但是杜牧仍然多次请求外放湖州刺史，连上三启，宣宗终于应允了他的要求。同年秋天，杜牧到任湖州刺史。他在湖州凭吊前贤，结识诗友，做了不少诗。一年后，他又被内升为考功郎中、知制诰。到长安第二年，迁中书舍人。这段时期，杜牧重新整修了祖上的樊川别墅，并且闲暇之时经常在这里以文会友。大中六年（852年）冬天，杜牧病重逝世。

杜牧临死之时，心知大限将至，自撰墓志铭，但这篇短文写得却是平实无奇，丝毫不显文豪手笔。据《新唐书》载，墓志铭写就，杜牧闭门在家，搜罗生前文章，对火焚之，仅吩咐留下十之二三。《咸宁县志·陵墓志》载："杜牧墓，葬少陵原司马村先茔，自为墓志。"

据今司马村一位上了年纪的村民回忆，杜牧墓在新中国成立后尚存，在司马村西南，高约7米，面积约667平方米，墓顶有一大树，20世纪60年代被毁。时至今日，杜牧的故乡和他归寂之地长安樊川已经没有了他的影子，他诗文中的那个杏花村却大张旗鼓地祭奠着这位伟大的诗人。

文献记载，杜牧墓地附近还有一块面积约1.2万平方米的墓地，是唐时京兆万年（今陕西西安）望族杜氏的家族坟茔。晚清以来，陆续暴露的有杜济砖室墓、杜悰妻岐阳公主（宪宗之女）墓及杜陟砖室墓等，出土墓志3合。杜淹、杜如晦、杜济、杜亚、杜佑、杜敩、杜牧等均祔葬于司马村祖茔。翻阅史料当中，我们得知20世纪30年代杜氏墓群尚存有杜如晦的墓封土，居杜牧墓东侧；20世纪50年代仍存杜牧墓，其余封土皆早年平毁。

一千多年过去了，曾经显赫的长安杜氏早已成为普通百姓，司马村的杜氏家族墓也逐渐被历史湮没，只留下司马村人在这片厚重的土地上不断地繁衍生息着。

"清明时节雨纷纷，路上行人欲断魂。借问酒家何处有，牧童遥指杏花村"，这是杜牧最脍炙人口的诗篇，如今的少陵原畔，时常会有一些诗人在这里举办诗歌朗诵，缅怀这位伟大的现实主义诗人。然而，诗人也许不会想到，他安息的坟茔经历了千年的战火兵燹和风云变幻，如今却掩盖在荒草之中，没有任何碑文记载，只有荒草，只有农舍。或许是少陵原这片土地上的名人太多的缘故，或许是厚重的历史只允许人们记住杜牧的诗篇，让他在千百年之后才会有不欲示人的悲凉吧。

第一篇 梦回大兆

村中古树见证千年时光

古村至今还保留着的记忆

韩墓内景

韩休墓壁画 / 唐代最早的独屏山水画

唐玄宗时他高居丞相之职,他的儿子也官居丞相,绘画作品《五牛图》名闻天下。他,就是唐代名相韩休。我省考古专家在对其墓葬进行抢救性发掘时发现,一千多年前的墓室壁画精美清晰,保存完好。

杜陵东南两千米的少陵原上,是唐代重要的墓葬区之一。唐玄宗时期尚书右丞韩休及其夫人柳氏的合葬墓就位于此地。

通过长长的甬道进入墓室。甬道两侧绘有仕女图、宦官抬箱图等壁画。进入墓室,只见这是一个大致边长为4米左右的方形结构,四面皆是精美的壁画。墓室南壁为朱雀图,北壁西侧为玄武图,东侧为山水图。西壁为树下高士图,共有六幅,遗憾的是,其中两幅已被盗墓贼揭取。东壁为乐舞图,分为两组,东壁北侧为一组5人的女乐,南侧为7人男乐。女乐为典型的唐人形象,男乐为胡人形象。他们手执乐器,正在演奏,个个表情生动,形象逼真。两个乐队中间有一男一女合乐起舞。墓顶为日月星象图。

墓室内北壁东部的山水画,是目前考古发现的唐代最早的独屏山水画。在山水绘画史上,南北朝时期以写意为主,景小人大;唐代开始写实,景与人的比例渐趋协调,但是缺少实物资料的发现;宋代以后,完全写实。该幅山水画的发现,不仅弥补了壁画发展史上的缺环,而且将中国山水画的成熟期的研究提前至唐代。

东壁的乐舞图是近 10 年内发现的最完整的乐舞图，整个画面构图恰当，人物布局合理，显示出唐代成熟的绘画技法。胡乐、汉乐交杂，体现了中西文化交流的生动场景。另外，画面中部为一组对舞男女，这一现象，在以往发现的壁画墓中是很少见的。

2016 年 3 月，陕西省考古研究院与陕西历史博物馆、长安区文物局联合组成郭新庄考古队，对该唐墓进行抢救性发掘。考古发现，韩休墓为长斜坡墓道单室砖室墓，平面形制呈"刀把"形，坐北向南。南北总长约 40 米，墓室底距现存地表深约 10 米。其结构由墓道、5 个过洞、5 个天井、6 个壁龛、封门、甬道、墓室和棺床等部分组成。

在发掘过程中，通过对整个墓葬进行解剖，了解到唐代墓葬的建筑方式：在起建墓室时，先开挖一个大型的方圹，方圹的四角留出弧形的减力柱，减力柱的两侧挖出脚窝，以便建墓工人上下。方圹建造完成后，开始砖券墓室，墓室的顶部会留出一个方土台。完成砖券墓室后，开始在周围夯土，层层平夯而成。

考古人员在该墓葬墓室口发现了两合墓志，韩休和夫人柳氏各一合。墓主韩休是京兆长安人，在唐玄宗时期官至尚书右丞，相当于现在的省部级高官。开元二十一年（733 年）十二月，韩休罢相，转为工部尚书。开元二十八年（740 年）五月卒，年 68 岁。

韩休为官清廉正直，文采颇优，工于文词。代表作有《奉和御制平胡》《奉和圣制送张说巡边》《祭汾阴乐章》等，还著有乐曲《南羽吕》。他的儿子韩滉为唐德宗宰相，其绘画作品《五牛图》名闻天下。

韩休的夫人柳氏出身河东郡世家大族，死于天宝七年（748 年），与韩休合葬于少陵原。

无名冢遍布少陵原

无名冢 / 西安城南露天"博物馆"

　　登上少陵原，天高地阔。原下苍茫而浑厚，往东是悠悠的浐河和雄壮的狄寨原，环望四周，不远处有十余个大冢，孤寂地伫立在那儿，和苍茫的土原融为一体，我仿佛听见许多汉时、明时的先人在孤茔里呜咽，这种声音穿透历史，穿过宗氏祠堂的残碑断柱，似乎告诉后人在发展的同时千万要保护祖先遗留的东西，否则会留下许多千古遗憾。

　　不像杜陵这类大冢，少陵原上至今还有多处无名冢，不明墓主人身份，却裹挟着历史的秘密静静藏没于地下，等待着有朝一日被探明。

　　秦沟村东汉墓群。面积不详，历年暴露有墓葬，1985年4月清理砖室墓一座，东西向，面积约120平方米，由墓道、前室、后室及侧室组成。前室穹窿顶，余皆卷顶，出土陶碗、耳杯、盘、勺、斗、瓢、奁、壶、罐、灶、井、案、釉陶仓、铜刀、顶针、"长宜子孙"连弧纹镜、"长宜子孙"凤纹镜、五乳五禽纹镜、盘龙纹镜及"货泉""五铢"钱和铁剑等，总计629件。属夫妻合葬墓。

　　东伍村明墓。封土已平，尚存石翁仲、马各2对，石麒麟、羊各1对，翁仲均高2.2米，文官双手持笏，武官双手持剑；马高1.6米，长2.3米；麒麟高2米，长2.49米。

　　二府井墓群。时间为唐朝至明朝，原有封圭7座，现存2座，均为圆丘形，一个底径22米，高8米，另一底径14米，高6米。夯层厚14～16厘米。

五府井墓群。时间为唐朝至明朝，1957年调查有圆丘形封土7座，底径5～20米，残高1～4米。

康王井墓群。属明代，面积万余平方米，存圆丘形封土8座，底径5～12米，高2～5米。夯层厚13～20厘米。不规则封土2座，一座底径残长12米，残高8米，另一座底径残长20米，残宽11米，残高7.5米，夯层厚19～20厘米。

东伍唐墓。1980年暴露洞室墓，出土四系白釉瓷罐、四系黄釉瓷罐、灰陶碗、文吏俑、镇墓兽、猪狗及莲花座等。

庞留井墓葬。时间为唐朝至明朝，1958年调查有圆丘形封土，底径约80米，高约30米。

小井墓葬。时间为唐朝至明朝，1958年调查有圆丘形封土，底径约30米，高约10米。

高家寨墓葬。时间为唐朝至明朝，1958年调查有圆丘形封土，底径约10米，高约3.5米。

如今存留下来的陵墓已越来越少

第三节 九井十八寨

少陵原上的史迹和遗址,多不胜数。细翻历史典籍,有记载的名胜就有百余处,这些历经岁月洗礼的原川、帝陵、王墓无不凝聚着先贤的智慧。从原上南望秦岭,层峦叠翠;北眺渭河,滔滔东去,多少岁月俱往矣。时至今日,走过这块繁星璀璨的土地,后人依然能感受到这片土地的雄浑壮阔与博大深厚,还有历史的感叹和无尽的遐思。"唐塔汉冢朱大圈"就是当地老者对他们祖祖辈辈所处的这座原的总结。

唐塔是指沿樊川北侧少陵原南畔一带的几座建于隋唐年间的寺院,汉冢就是以杜陵为首的汉宣帝墓冢及其陪葬墓,而朱大圈却说的是明朝驻守西北的十三个藩王之墓。在杜陵的西南侧,是明朝时期在西安的秦王,也就是朱元璋次子朱樉及后来历代藩王及郡

第一篇 梦回大兆

少陵原上历代藩王和郡王陵墓星罗棋布

王宗室的墓葬群,有13座,就像围了一个大圈,所以当地人形象地称其为"朱大圈"。

北京有十三陵,然而在少陵原上,九井十八寨也素有"小十三陵"之称,虽然封土规模小得多,但是建制形式却完全按北京十三陵而为。

据史料记载,洪武三年(1370年),明太祖朱元璋封次子朱樉为秦王,其后二百多年间,此地共有13位明藩王去世,他们死后下葬的13座陵墓和50余座陪葬墓冢散落在东起鸣犊西至三爻一带的少陵、凤栖原上,当年各陵墓建筑宏伟,陵前殿堂楼阁竞相错落,各自形成完整的皇家陵园。

少陵原上的石狮子

田野上散落的石人

  分布于长安少陵原上的明代十三代秦藩王家族墓地，曾有藩王墓13座、世子墓1座、王妃墓16座及郡王墓38座，共68座。其中，秦愍王朱樉墓葬地在大府井村东北，隐王朱尚炳墓葬地在东伍村，康王朱志𡐤墓葬地在康王井村，惠王朱公锡墓葬地在庞留井村，简王朱诚泳墓葬地在简王井村，宣王朱怀埢墓葬地在三府井村。整个墓群分布面积较大，排列有序，以第一代秦藩王朱樉墓为中心，墓与墓之间相距不到3千米。

  明制藩王、诸王出生后两岁，开始修建陵墓，修好后只留一个天井，死后才封葬，

在石人石狮旁耕收的村民

秦惠王朱公锡墓旁的人家

讳避墓，称为井。还有另一种说法，因为高大的陵墓形状像"鼎"，所以当地人就以"鼎"称之，然而长安的方言中"鼎"读"井"音，所以，临近王陵的村落多以"井"命名。

　　每代藩王都是在生前修好墓并留出将来下葬的天井，然后像南京的孝陵卫一样派驻两营官兵驻扎两侧进行护卫和守陵，春秋祭祀。陵墓区都有规模宏大的享殿、寝殿、配殿等。200多年来，共有九座带天井的大墓两边分别驻扎了18寨官兵，世世代代守陵，并携带家眷和当地百姓通婚，免除王粮国税。守陵人必须具备一定资格，都是与皇家皇族有极深的渊源关系才可以，也有朱家本家犯罪被贬守陵的，在这一基础上形成的村落叫九井十八寨。

"九井十八寨，个个有由来"，每个井就是一处藩王家室陵。今以大府井为首，包括二府井、三府井、四府井、五府井、简王井、康王井、庞留井、世（十）子井，共九井和护陵军营形成许多村寨，如东伍村、南伍村、胡家寨、大兆寨、甘寨、查家寨、常旗寨、南高寨等，其历史跨越二百四十多年。

明朝灭亡后，这些原本不纳皇粮国税的守陵人没有了原来的特权，除了以种地或做小生意为生，许多人依然从事与守陵和祭祀相关的古老行业，如做纸扎、制棺木、制香、制蜡、制作花馍等。如今三兆村花灯、炮里原花灯纸扎、天王村制香、引镇制蜡都可以说受到了一定的影响。

今天，最早的藩王墓都已有六百年的历史。在这数百年间，自朱樉"就藩"开始，西安城的营建格局也正在逐步成型，除至今大家耳熟能详的西安城墙、城门、城四关、护城河、都城隍庙、钟鼓楼、文庙、莲花池公园、人工河、贡院、南郊藩王十三陵等之外，还有许多名字如二府庄、四府庄、祭台村等都与此有关。

少陵原上人来人往，守陵人世代深耕劳作，他们的身份自明亡之后再也未经提起，众藩王的石人石马神道墓碑开始日渐流散，如今保持比较完好的也只剩下大府井朱樉墓、庞留井惠王朱公锡墓、康王井康王朱志㙩墓、简王井简王朱诚泳墓等，让人唏嘘感慨不已。

在陵墓旁世代耕作的农民

第一篇 梦回大兆

张侯坟石人像

◎九井十八寨总表

九井	大府井，二府井，三府井，四府井，五府井，简王井，康王井，庞留井，世（十）子井。	
十八寨	东伍村，南伍村，东兆余村，西兆余村，高望堆村，南里王，北里王，胡家寨，大兆寨，甘寨堡，查家寨，常旗寨，南高寨……（记载不详）	
明秦王墓	秦愍王朱樉（1356年12月3日—1395年4月9日），墓葬地韦曲街道大府井村。	
	秦隐王朱尚炳（1380年—1412年），墓葬地大兆街道东伍村。	
	秦惠王朱公锡（?—1486年），墓葬地大兆街道庞留井村。	
	秦僖王朱志堩（1404年—1424年），墓葬地韦曲街道大府井村。	
	秦怀王朱志均（1403年—1426年），墓葬地韦曲街道大府井村。	
	秦康王朱志𡐤（1404年—1455年），墓葬地大兆街道康王井村。	
	秦景王朱存机（1595年—1641年），墓葬地韦曲街道三府井村。	
	秦简王朱诚泳（1458年—1498年），墓葬地韦曲街道简王井村	
	秦昭王朱秉欆（1481年—1501年），墓葬地韦曲街道大府井村。	
	秦定王朱惟焯（1500年—1544年），墓葬地韦曲街道大府井村。	
	秦宣王朱怀埢（?—1566年），墓葬地韦曲街道三府井村。	
	秦靖王朱敬镕（1541年—1576年），墓葬地韦曲街道三府井村。	
	秦敬王朱谊澏（1566年—1586年），墓葬地韦曲街道三府井村。	
	秦肃王朱谊漶（1575年—1618年），墓葬地韦曲街道三府井村。	
	朱辅（?—1523年）顺治二年兵败投紫阳河死，无谥号，墓址不详。	
	朱存极（?—1644年）被杀于山西太原城内海子堰，无谥号，墓地不详。	

◎明秦藩诸君王墓

谥号	姓名	墓地所在地	实物依据
安裕王	朱诚泂	洪固原（二府井村东）	墓前有碑
庄简王	朱公鍊	高阳原	
荣穆王	朱诚潥	高阳原	
昭和王	朱靖和、诚渌	高阳原	
永兴懿简王	朱尚烈	高望原	
恭宪王	朱志璞	高望原	
兴平恭敬王	朱尚焗	凤栖原（四府井北）	有出土墓志
庄惠王	朱志	同上	
保安怀僖王	朱尚煜	同上	碑志存碑林
永寿怀简王	朱尚	洪固原（五府井北）	刘根虎藏墓志
安惠王	朱志埑	慈恩寺北	
康定王	朱公锭	同上	
庄僖王	朱诚淋	同上	
恭和王	朱秉樫	同上	
荣靖王	朱怀墙	同上	
昭宪王	朱敬鏞	同上	
宜川庄靖王	朱志堎	三兆里	
荣顺王	朱公悗	同上	
康僖王	朱诚灌	同上	
思裕王	朱秉栎	同上	
临潼简王	朱公铭	北里王村	
颌阳恭惠王	朱公镗	三爻村北	
千阳靖懿王	朱公增	珍珠原	

百年守望

明秦愍王陵区

明秦愍王墓 / 雄武文略数第一

每年春天，位于少陵原上的大府井村数百亩桃花竞相盛开，吸引了众多游客从四面八方赶来赏花。坐落在"花海"中央的明代藩王朱樉墓，成了人们登高南望秦岭、北望西安城区的制高点。

秦愍王朱樉在明太祖朱元璋的24个亲王中居长，洪武二十二年（1389年）任宗人府宗人令。两年后，因建造王宫太过奢华和其他过失，被召还京师受责，两年后才回到西安藩府。洪武二十八年（1395年）因率兵镇压兆州（今甘肃临潭）少数民族叛乱有功，受到朱元璋赏赐。同年因病去世，谥为愍，故史称秦愍王。朱元璋为秦愍王朱樉后裔还制定了20个字的系字辈"尚志公诚秉，惟怀敬谊存，辅嗣资廉直，匡时永信惇"。

由于秦王在诸位藩王中年龄最长，兵权最重，又担负着拱卫西北边疆的重任，所以秦藩国被称为"天下第一藩"。朱樉死后，被葬在长安区大府井村东。据史书记载，明朝规定，藩王墓石刻为"石人二，文武各一；虎、羊、马、望柱各二"，朱樉陵墓僭越了规矩，后来的王以此效法，或者多了狮子或者多了麒麟。这些王墓，全部坐北朝南，神道和石像都在墓冢的南边。朱樉墓由北向南依次是：武士、文官、石马、麒麟、石羊、石虎、华表。武士神情忠勇威严，通高近三米，双手拄剑；文官则显得和蔼许多，身着博衣大袖的长袍，腰系玉带，衣服上的褶皱清晰可见。

空中鸟瞰明秦王墓区

历史记载中的秦王陵园建筑豪华，而今已荡然无存，唯有黄蓝诸色琉璃瓦残片散于陵前，园门西南，神道直北，旁列华表、麒麟、虎、羊、马、狮、人等石雕，均系明初雕刻，造型、刻工均极精美，是一批明代石刻艺术的精品。

明赵崡在《游城南》中有记"少陵在司马村东，其西皆秦王葬地，松柏森蔚，华表、翁仲，数十里相望焉"，可以想当时的情景。南京的朱文忠墓也保存完好，可神道就没有西安藩王的宽阔。甘肃肃王墓，四川蜀王墓，宁夏庆王墓，山东鲁王墓，新乡的潞简王陵，似乎还没有哪处如少陵原明十三陵那样，保存着规模庞大、从明初到明末的藩王墓葬群，这不能不说是个奇迹。

历史的车轮滚滚向前，曾经雄踞西北的秦愍王已逐渐被淡忘，只留下世人传说。据大府井村老一辈人介绍，秦王神道上的石虎是可以食人尸脑的怪兽，他们小时候就常在这些石像附近玩耍，体弱多病的孩子还常常被大人们抱到石兽和翁仲前认"干爸"，视如"神明"，就像陕北的"拴娃石"和关中地区的"拴娃磨盘"一样，期待保佑孩子能健康成长，一直要长到12岁还要"谢神"。直到20世纪90年代，还有一些村民抱着小孩子坐在石人、石马上祈福，但大家都不是非常懂得这些石像的意义。虽然作为"明十三陵"守陵人的后代，但是这里的村民很少再有人明白神道前这些石像的意义和来源了。

第一篇 梦回大兆

夕阳下的神道

位于庞留井村北的秦惠王和王妃合葬墓

明秦惠王墓 / 占尽风水叹情尽

少陵原立于浐水和潏河之间,雄浑高大,帝王将相和皇后妃嫔素以入此厚土为望,其最开阔最壮丽的属于南畔,俯川呼峦,居之占尽风水,明秦惠王便葬于此地。

秦惠王朱公锡,是秦康王朱志㙸的嫡长子,著有《益斋集》。明英宗正统十一年(1446年)被确立为世子,明英宗天顺二年(1458年)继承王位,朱公锡在明宪宗成化二十二年(1486年)病逝,他在位二十八年,享年50岁左右。

惠王墓在今大兆街道庞留井村东北,现存封土堆高约10米,周长约60米,墓旁又有一墓冢,高约9米,周长为50米,据推测是王妃王氏的墓葬。墓前有碑石两座,一名"秦惠王暨妃王氏合葬墓",高2.3米,宽0.6米,厚0.2米,龙云纹浮雕,碑额刻"皇明"二字,两边刻龙云纹。又一碑,龙首龟座,高4.4米,宽1.19米,厚0.36米,碑额篆书"大明宗室秦惠王神道碑",碑文略称:"太祖高皇帝第二子愍王受封为天下第一藩国。四传至于康王,康王薨逝,英庙受册,命以王世子公锡代其位,是为惠王,……在位二十年,寿五十而薨。"

神道两旁,由南向北,有大型石雕16件,依次为:华表1对,身为八棱形,通高4.6米,顶部蹲天禄;石虎1对,高1.15米,长1.37米;石羊1对,双角盘屈,高1.32米,长1.67米;石麒麟1对,遍身鳞甲,造型极为生动,高1.8米,长2.45米;石马2对,

第一篇 梦回大兆

村民与石碑

鞍架、鞦镫、搭背、肚带、缠绳、笼头等雕工均极细致，纹理清晰，线条流畅，高1.73米，长2.32米；石人2对（一人埋入土中），高2.62米，前2人为武官，头戴六梁冠，身披博衣大袖袍，袍及内衣均束玉带，足登云头鞋，双手按剑。后2人为文官，头戴无角幞头，身着博衣大袖袍，足登云头鞋，双手执圭。

在西安现有保存下来的六座明朝十三藩王陵墓中，惠王朱公锡的陵墓可以说是保存最完好的一座。但遗憾的是，2010年5月，惠王陵墓神道旁华表上的朝天吼被盗，其后一直下落不明。据村民王亚兰回忆："东边华表上的'望天吼'在20世纪90年代就被人偷走了，西边华表上的'望天吼'在2010年5月初被人偷走，当天晚上我家养的大黄狗也被这些人毒死了。"

从秦惠王墓前走出庞留井村，路过一片刚翻过的空地，墓冢周围却是郁郁葱葱，被村民种上了小麦，回首神道，南边的石刻在树林中若隐若现，远处天边便是巍峨的秦岭。

明秦惠王墓碑文局部

第一篇 梦回大兆

华表上的"望天吼"

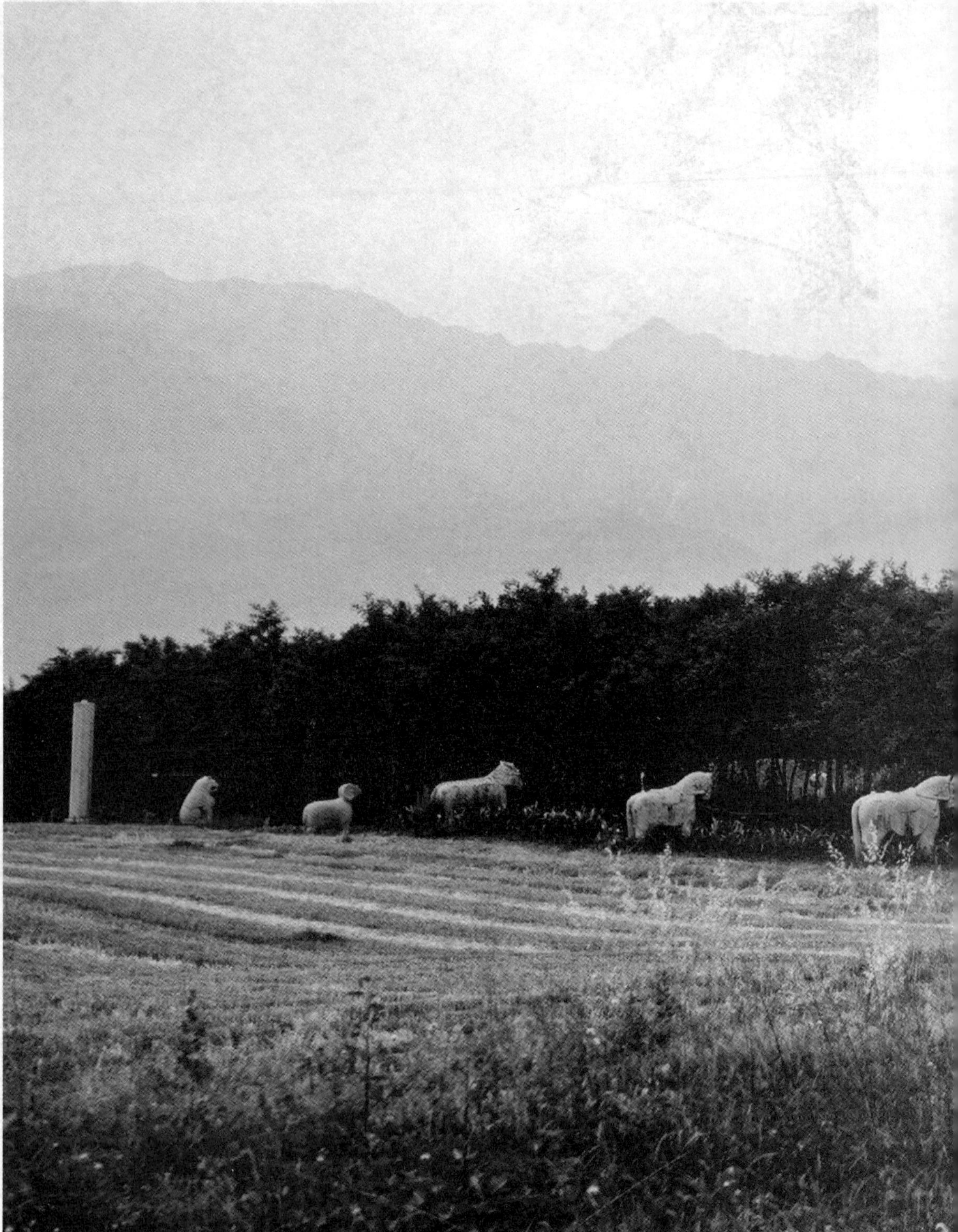

第一篇 梦回大兆

神道两旁至今保留着两排石人石马石羊

村民骑车路过明秦康王墓

明秦康王墓 / 安乐抚民勤政事

　　流光容易把人抛，红了樱桃，绿了芭蕉。从第一代秦愍王朱樉到明王朝灭亡，一共有14位秦藩王在西安生活过，秦康王朱志𡐤是第五代藩王。宣德元年（1426年），秦怀王朱志均去世，因为他没有儿子，朱志𡐤就继承了其秦王位，成为第五代秦藩王。

　　秦康王朱志𡐤爱读书，好学，优点不少，但靖难之役过后的明王朝，各藩王之间争权夺势的火药味儿十足，品学兼优的康王难免不被人嫉妒。宣德四年（1429年），秦王护卫军中的一名军官张嵩向中央政府告密，揭发秦康王欲图谋反，朱志𡐤非常害怕，自动向朝廷请求解散裁撤秦王能够指挥调度的三部分护卫军。宣宗为了安抚他，只裁撤掉了两军护卫，还保留了一支护卫军。故此以后，朱志𡐤对于手下的官员和中央政府派驻西安的官员都不是十分信任，很顾忌他们。

　　正统十年（1445年），不知道什么原因，朱志𡐤采取了公报私仇的手段，参劾镇守督御史陈镒，朝廷派出官员审理此案，结果发现朱志𡐤纯系诬告，后来负责审理此案工作的审理正秦弘等官员又向朝廷奏报说，朱志𡐤经常凌辱秦王府的工作官员，并且肆意惩罚杖毙护卫军的军士和役夫。听完审理官的汇报，明英宗震怒，于是下诏责问批评康王。

　　关于康王为何莫名其妙地诬告陈镒，史料尚无明确记载，但据一些明史专家分析推测，认为军官张嵩的举报给朱志𡐤的心理造成了巨大的恐惧和不安，所以后来他感觉到镇守督御史陈镒对自己有所企图时，就先下手为强，而即便是诬告，依仗自己皇族的身份和亲王的地位，朝廷也不会对自己有所惩戒，这样，倘若以后镇守督御史陈镒再如何向朝廷检举揭发自己的不法行为，朝廷上也会因为此次秦康王的参劾而认为是两人间的私人恩仇，而不会过多把注意力放在是否真正存在秦康王违法越制的问题上。

明代宗景泰六年（1455年），朱志𡐤去世，谥号为康。明王朝对他的评价是"渊源流通、温柔好乐、安乐抚民、合民安乐"，渊源流通是说康王性格直爽无忌，直来直去；温柔好乐是说其温柔乐观，好丰年，勤民事；安乐抚民就是无四方之虞，能够让民众安乐生活；合民安乐就是说康王富而教之，抚恤民情。由此看来，朱志𡐤虽然和当时明王朝驻守西安的官员、在护卫军中服役的军官关系紧张，但是对待其封国内的百姓，还是仁惠开明的。

朱志𡐤死后，和他的先祖一样被风光大葬于少陵原上，寓意死后也要镇守凝望着秦藩国的土地。今天的长安区大兆街道康王村，便是第五代明秦藩王朱志𡐤的陵墓所在地。

坐在石马上玩耍的孩子

康王墓占地面积约1500平方米，圆丘形封土，底径残长约13米，高约9米。墓前尚存神道碑1通，石翁仲4尊，石兽5件。更早的时候，墓里还曾出土过秦康王妃墓志1合，边长95厘米，盖篆"大明宗室敕谥秦康王妃陈氏墓志铭"。

在秦藩诸王墓中，秦康王墓的遗迹可算是留存尚少，除一匹石马位于田地以外，其余石人、倒伏神道碑等，均无缘得见了。本来康王下葬时的遗物就少，而且历经几百年的岁月流逝、战乱焚毁，盗墓者多次偷盗，秦康王墓的遗迹便愈发少得可怜了。

如今，康王墓已被一片麦田围拢起来，墓前的石人石马就藏匿在这一片黄灿灿的麦田之中。夏日，狂风四起，麦浪像一片潮水般退去，康王墓前这尊并不甚洁白的石马便浮现了出来。晴空湛蓝，麦子金黄，石尊在此刻却被映衬得明晃耀眼，这种对比强烈的色彩差是少陵原上一道美不胜收的绝佳风景。

康王井村东北的石人石狮雕群

树林中的石人

秦简王陵墓 / 斯人已去犹忆影

在九井十八寨中,大府井村和简王井村是两个距离最近的村庄,穿过大府井村,朝着西北方向走不远,就是简王井村,简王井村因明秦藩王简王朱诚泳墓而得名。

在西安的十三个明朝藩王中,简王朱诚泳是最有作为和口碑最好的一个藩王。在历史上,朱诚泳是一位在诗词歌赋上很有造诣的亲王,自号宾竹道人,明宪宗成化四年(1468年),朱诚泳十岁时,他的嫡母秦惠王朱公锡的妃子陈氏就开始教他背诵唐诗,每天教一首,他每天背一首,自从成为镇安王以后,每天写一首诗,直到他去世,都没有停止过。朱诚泳在位的时候,曾经到翠微宫寻访唐太宗李世民在此居住的踪迹,他还写过名为《吊翠微宫》的诗:"翠微深入翠微宫,避暑当年说太宗。吊古不须增感慨,凭高聊复将笑容。千章古木苍烟合,数尺残碑碧鲜封。独喜满怀吟兴时,参天花朵玉芙蓉。"

朱诚泳对教育的重视程度,远远超过了历代秦王,他在位时,考察到曾经有一座历史悠久的鲁斋书院,荒废已久,书院故址已经成为平民杂居区,便决定恢复书院,于是就另选地址,亲自建立正学书院作为鲁斋书院的延续。在西安城里,鼓楼对面有条街叫正学街,上了年纪的老人还大致知道这是简王朱诚泳创办正学书院的旧址。现如今,这条街成了西安印制名片、刻制印章、制作锦旗的一条街,悠扬飘荡在数百年前的沁人墨香与琅琅书声在这里已经荡然无存了。

散落村西的石麒麟

朱诚泳能行些仁政，不但创办学校亲自督导生徒，而且对王府庄园的佃户也很能体恤，歉收即免除租赋，身体力行佛家向善的提倡，这些都跟他本人生性仁厚和深受佛教影响有关系。

秦简王去世时，并没有儿子继承王位，所以，他的侄子朱秉欆过继王位。朱诚泳的谥号叫做简，一德不懈曰简。终身勤奋，从不懈怠，平易不訾曰简。不信訾毁，平易近人，亲近百姓，这可以说是明朝皇帝对秦藩王最高的评价了。

今天，位于简王井村的简王墓，封土与神道石刻之间隔着一道墙，石刻的东面和南面紧挨着村民家的房屋，西面是一片小树林，将一些石刻围在了里面，石刻自南向北依次为：石狮1对、石麒麟1对、石马2对、文官1对、武官1对，地面被落叶与杂草覆盖，略显萧条。

1989年11月18日，简王墓被盗挖，盗墓贼在西北角挖下长宽各1米、纵深18米的盗洞，砸开青砖门，钻过墓室，盗去彩绘陶马及东西排列整齐的320件高约0.2米的粉彩陶俑，后经公安部门追回300多件，现陈列在陕西历史博物馆。

简王墓的石刻算是明代墓葬石刻的精品，东西两侧麒麟身上的层层鳞片雕刻得细致认真，两侧仗马的鬃毛一丝丝雕刻得十分清晰。但是动物四肢有些短小，形象上过于"萌"，貌似宠物。石翁仲同样雕刻细腻，头戴无角幞头，身着博衣大袖长袍，双手持笏，人物面部清晰，形象温和且平民化，反倒显得石翁仲缺乏精气神。

据一位收藏界的专家分析，简王墓石刻没有唐代石刻的雄浑大气，倒是继承了宋代石刻的温和秀气，但是过于在细腻中追求装饰，忽视了石刻的整体气质，使得缺乏饱满和张力，没有了特点，所以没有特点就是明朝石刻的特点。这和时代是息息相关的。此时的明代世俗文化兴盛，雕刻也从服务皇权、宗教的神坛上下来，走向世俗化和大众化，明代小雕刻技艺出众，满足着大众的需求，这是一个时代的审美，必然对陵墓雕刻有着影响。

夕阳下的石马

明秦隐王墓 / 繁华落尽梦无痕

流年似水，星移斗转，大明王朝在中国历史上已经消亡了三百余年。时至今日，散落在少陵原上的明秦隐王墓，已然没有了当年鼎盛一时的繁荣景象，陵冢破败萧条，守陵人的后代混迹于乡间城野之中，早已忘却先祖的使命。

为了找到隐王墓，我们驱车沿着雁引公路一直向南走，按照 GPS 的经纬度指引，来到杜陵文物管理所，见识到了传闻中的秦隐王墓。

隐王朱尚炳墓的所在地，是今杜陵文管所的办公地。隐王墓的神道石刻保护非常完好，显得异常高大，石刻从南到北依次为：麒麟 1 对、石马 2 对、文官 1 对、武官 1 对、石马 1 对。据介绍，墓前原有石虎、石羊、石狮、石牌坊，在大炼钢铁时被毁了。在文管所西侧的小路上，还有大小不等的三座墓冢，成"品"字形分布，其中神道正背面所对的就是秦隐王朱尚炳之墓，也是最大的一座；西南侧的墓冢，与隐王墓大小相当；东南侧的墓冢，与前者相比，显得较小。据分析推断，后两座应该是秦隐王的王妃——王氏和刘氏之墓。

秦隐王朱尚炳，是朱樉的嫡长子，明洪武二十八年（1395 年）继承秦王位。朱尚炳成为秦王的第三年，也就是明洪武三十年（1397 年），沔县人高福兴、田九成等聚众谋反，实力壮大很快，并且联系到沔县西部一个名叫金刚奴领导的叛贼，人数发展到数千人。事态逐渐严重，明朝大将耿炳文协同秦隐王朱尚炳，出兵击溃了这些贼众，擒杀匪首田九成、高福兴、何妙福等，金刚奴逃走，不知所踪。

明洪武二十五年（1392年），秦藩国曾发生叛乱，时间不过仅仅五年，又有类似事件发生，此时的关中地区已经失去了汉唐时的繁荣景象，渐渐地成为骚乱频发的不安定地区。明洪武三十一年（1398年），明太祖驾崩，明惠帝执行削藩，明朝历史的聚焦点就转移到历时四年的靖难之变，秦王朱尚炳在历史舞台上沦为配角，很长时间内都没有得到史官的关注。

明成祖永乐九年（1411年），成祖派使臣到西安，朱尚炳对这位皇叔心存不满，自然在态度上显得极为傲慢，先是称病不见使臣，后来在使臣的一再要求下，才勉强答应接见，但是在接见过程中，又有怠慢使臣的事情发生。使臣十分不满，回到京城之后，向成祖奏报，成祖就决定敲山震虎，把秦隐王官府人员逮捕下狱治罪，并下诏书严厉警告朱尚炳。朱尚炳这才感到皇权的威严，意识到自己的地位和实力根本无法和大明朝的皇帝对抗，于是亲自赶赴京城向成祖谢罪。成祖皇帝虽然表面上没有过多追究，但在永乐十年（1412年）三月，朱尚炳就忧惧而死。

踏勘完隐王陵墓，天色已黑，在无遮无拦的少陵原上，大风起兮，犹如脱缰的野马，肆无忌惮地横扫一切，让人感到寒风似乎要透过皮肤灌入身体。与之更让人感觉到冰冷的是这原上的明代秦藩王墓冢，几百年过去了，其处境令人堪忧，斯人已去，但是他们的风骨却长留在这片伟岸的少陵原上。

明秦隐王墓陵区

第四节 民居瑰宝

于家大院 / 入了时光的画卷

高大古朴的于家大门

在历史的长河中,民居好似一位默默无声的诗人,用独特的语言展现着一个地区的风格、品位和文化内涵,反映着当地的风土人情和乡规民俗。作为十三朝古都,长安城自古便是钟灵毓秀之地,聪慧的古人在这片土地上创造出了形形色色的民居艺术品,为后世留下了许多可供瞻仰凭吊的传世杰作。

少陵原上的长安区大兆街道三益村,至今还保留有一座百年老宅——于家大院,算是少陵原保存较为完好的传统民居。

于家大院是典型的"瘦长形"西安古民居院落，面阔3间，院深4进，有门房、二门、厢房、厅房、正房、后院，庭院深深，至今保存。于家大院坐南向北，平面形状呈长方形，东西宽10.6米，南北长42.3米，占地面积448.38平方米。民居为前后两进院落，自北向南依次为门房、前院与东西厢房、厅房、后院与东西厢房、上房。门房分为上下两层，上层为阁楼。正门开在门房正中，门道两侧有方形砖框，原有刻字，现已不存。门道长2.4米，门为两扇对开木板门，宽1.64米，高2.4米。门洞两侧各有房子一间，门向南，宽0.9米，高1.85米。门房建筑样式为硬山顶，屋顶两面坡。屋面铺灰陶小板瓦，正脊为三层小砖平铺而成，两端上翘，屋面两侧各有一道板瓦铺成垂脊，屋檐下有三角形莲花纹滴水。

前院东西厢房对称，形制、大小完全相同。厢房屋面瓦件为灰陶小板瓦，正脊为灰陶波涛纹脊瓦，屋面两侧各有一道板瓦铺成垂脊，屋檐下残存有三角形莲花纹滴水。厅房建筑为抬梁式构架，前门为格栅门，下部雕刻山水花草纹饰。大厅原先三间相连，在20世纪90年代以砖墙将三间分别隔开，两侧为卧室，中间为客厅。后侧原有屏风，现仅存东半部分。后院东西厢房对称，形制、大小也完全相同。上房分为上下两层，上层为阁楼，房前西侧有木质楼梯相通。门为四扇格栅门，中间两扇对开，下部雕刻山水花草图。

此民居前后两进院落，规模宏大，结构完整，保存良好，在整个长安地区实属罕见，为研究长安地区清代晚期民居建筑风格、建筑技术及当时的社会历史状况提供了重要的实物资料。

于家传人

历经百年的记忆

于家大院过去的房子都是一砖到顶，2008年地震时，墙面被震出了裂缝，后来翻修时，在正房和一些厢房的墙外打上了糊砌，所以现在看起来，有些地方是土墙，其实砖墙都包在土坯里面。"文化大革命"前，房上的屋脊很漂亮，厢房和正房也是连在一起的。"文化大革命"时，房上的砖雕脊兽被拆了下来，从此老房开始漏雨，由于雨水浸透，砖木结构的房子便逐渐损毁。

传统农耕文明时代，发家致富之后人们以建房、置地、教育子弟为大事，于家先辈们着手修建房屋，四方招聘能工巧匠，筹备盖房材料。当地人们传说，在木匠进门后，于家主人给木匠讲说了盖房的要求："要大要小，要高要低。"就是说"木料要大，房间要小；基础要高，房子要低"。就这样，新房开始动工修建了，当时修建了一模一样的两院房屋，在20世纪中期以后另一院拆毁，仅留下如今的这一院房屋了。

于家大院所在的三益村，是由大、小鲍陂和五府井三个自然村组成，地处雁引公路和韦鸣公路交叉处，交通环境优越。据《陕西省长安县地名志》记载，该村始建于西周时期，是少陵原上古老的村庄之一，清代末期称鲍陂镇，可见当时经济的发展和商业的繁荣。

清朝晚期，三益村中许多人家在经营好庄稼的同时出外经商，大鲍陂南堡子的于家也不甘落后。清末时，第一代屋主于克禄从学徒做起，逐渐将生意做大，在西安开办了"天

记录农耕文明

福德"和"金玉堂"两个商号,并在陕南的商洛、安康、汉中等地开了多家分号。随后,于家的业务范围开始拓展,不仅在陕西,在四川及武汉等地也有很多生意。善于经营的于克禄把自己的儿子也带上了经商之路,常年在陕南、四川一带打理生意。于家诚信经营,口碑很好,迅速发家致富,同时,于家在鲍陂村买下了一些土地耕种,并开始着手修建于家大院,这座修建于清末民初的于家大院,至今已有百年的历史。这座老宅坐南向北,高大古朴的门楼伫立在周围的新式民居中,格外引人注目。

据于氏民居第四代传人于福明先生回忆,近百年来,于氏后人始终遵奉先辈们耕读传家的遗训,教育子弟,代有贤声,修建百年的故居一直作为居住使用。在1990年,于氏后人对祖上老宅的门楼进行翻修,1996年对厅房北侧墙、个别窗户以及台基加以更换。可是目前状况堪忧,厅房和上房已成为危房,两房前檐右侧出现了折檐,每逢雨季便出现漏水现象,于先生为故居的前景担忧。

时至今日,像这样的古民居在长安区范围内为数不多,尤其是院内的木雕、砖雕、石雕工艺,典型的北方四合院的构建样式,在长安区则更加少见了。历经百年沧桑,于氏民居成为当今长安最重要的传统民居,为后世记录下了农耕文明时代的诸多信息,是研究传统文化难得的资料。

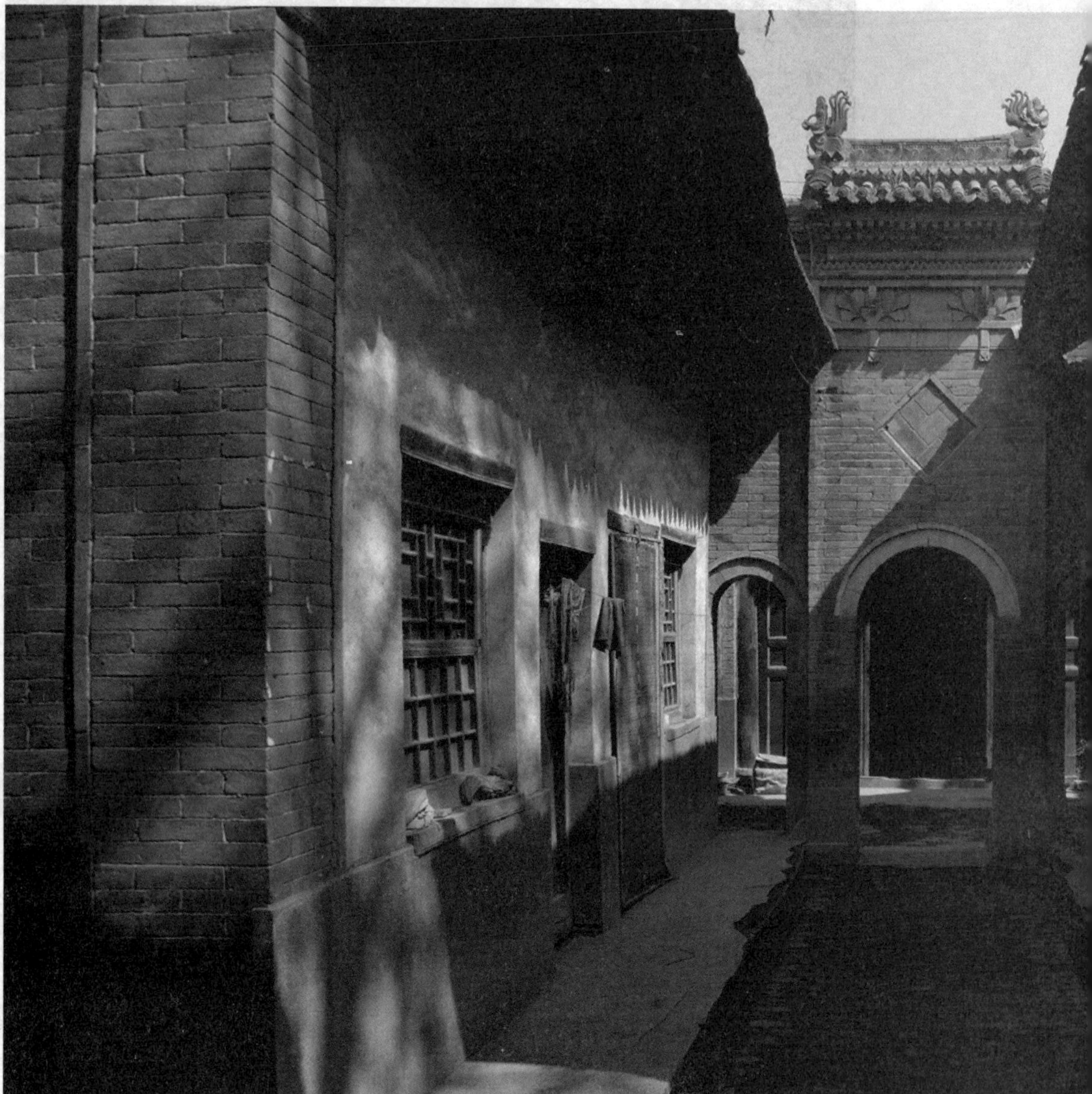

第一篇 梦回大兆

为后人研究晚清社会提供依据

典型的北方四合院　　　　　　精美的木雕艺术

61

沧桑的王家大院正门

王家大院 / 诗礼一缕传家风

　　现代社会的高速发展，让城市规模迅速扩张升级，穿行在城市的街巷之中，高楼林立，繁华之中却隐藏着难以言说的孤寂和落寞。那些遥远的古建民居，只在人们的记忆中，参差错落地散布于青山绿水之间，随日出日落明暗交替，随一年四季变换容颜，在岁月中沉积故事。

　　少陵原上的大兆街道甘寨村，有一座王家大院，距离西安城区数十千米，古朴盎然，让人步入其中恍如穿越千年，坠入乡愁的桃花源。王家大院至今已历经百年的风风雨雨，像极了一位两鬓斑白的耄耋老者屹立在原上，洞悉着这片土地的岁月变迁，守卫着家族的荣耀、牌位与香火。

　　甘寨村村民的祖辈在大明王朝年间全都是守护明秦藩王墓的守陵人，几百年下来，村中形成了刘、王、高三大家族，王家大院便是王氏一族留存于世的祖宅。

　　据王家炳字辈媳妇说，王家祖上是做生意的，最开始王姓中有两兄弟，后来分了五家，再后来到了炳字辈相传有八大户，有在引镇开商铺的，有卖油的，还有开盐店的，也有务农的，至今炳字辈还有人健在。那时候村里其他户住在沟下或者窑洞里，而王家却盖起有厅有院的大房，家境殷实可见一斑。

　　据老人回忆，王家大院建于民国十八年（1929年）以前，自她嫁来王家就有此宅，她十七岁嫁来王家，如今已是八十六岁了。老人年轻时听说王家大院当时盖的大房是一根脊檩，两根檐檩，大房里有二楼。从大门进去依次为门房三间、门厅、二门（左右两个小门洞）、左右厢房两间，厢房间是院子，院子有照壁、有渗井、二门厅、上房三间，中间是通道连后门。

20世纪80年代之前，王家大院还有四五家院落，同样的风格，同样的布局。日德日恒的爷辈是王家老大，他家在西边第一家，所以祠堂也设在他家。每逢祭拜祖先或者老人去世，都要到祠堂拜祭，王家议事也在这里。此后祠堂以东几家拆掉了，搬到了别处。

漫步在乡村小道中，不远处田野里的泥土香气扑面而至，鸡犬相闻的景象令人神往，这种古朴大方、简约舒适的环境，唤起人对农耕文明的怀念，对传统文化的眷恋。离开王家大院时，从村口的麦田里回望，大院二门楼上的"诗礼传家"四个字仿佛还在诉说着那段辉煌过去。时代在发展，文化在传承，这一古老的民居留给我们的是取之不尽、用之不竭的精神食粮，这是现代许多新修的建筑物所无法比拟的。

历经百年风雨的大院已濒临倒塌

第五节 古韵乡村

大兆村 / 从盛唐踽踽而来

大兆村西门

　　初春的少陵原，虽然不似江南那般草长莺飞，婉约如诗，却也是一片草木葱茏，绿意盎然。登上原头，整个人的视野一下子就开阔了起来，耳边尽是春风的喃喃细语，心也跟着原上的野草一起飞扬了起来。从原上望下去，西安城区的高楼已近在咫尺，远处终南山的轮廓也隐隐绰绰地浮现出来，大兆村就处于原上腹地。

　　少陵原历经了关中地区从中国历史上最辉煌的盛唐时期走到今日的点点滴滴，这期间有1300余年的历史，大兆村就在王朝的变迁之中，成了历史的见证者。

第一篇 梦回大兆

民风淳朴的大兆村

　　大兆村所处的少陵原，古称鸿固原，东望浐河和白鹿原，东南眺鸣犊、汤峪，南接樊川和引镇，西连杜曲、韦曲，北依西安城，地势高，环境优美，在各朝各代都是交通便利、店铺林立、商业繁荣之地，是西安城到引镇、鸣犊乃至镇安、柞水的必经之路。

　　据《陕西金石志》记载，大兆村起源于唐初。当时村名大赵村，后分东西赵村。明初因村南有汉宣帝许皇后陵，这里是陵墓兆域，故易名大兆村。按照《皇清重修大兴福寺碑记》等碑志记载，大兆村"汉唐"即有"敕造兴福寺"。据此推断，大兆村之起源应该大大早于唐初。

　　汉代，大兆村一带有"尚冠里"建制。唐代，设有"延信里"建制。唐代至宋元，还有"杜陵乡""南陵乡""少陵乡"等建制。据推断，乡制均应在大兆村。宋代的《太平寰宇志》中称大兆村为"大赵村"。明地方政府还在大兆村设"大兆铺司"，驻大兆村。清代雍正年设"大兆镇"，驻大兆村。清末又设"大兆社""大兆仓"，驻大兆镇。

　　民国二十八年（1939年），为避日寇轰炸，长安县公署由西安城内的东县门迁至大

村里通往韦鸣路的大道

兆镇洪福寺内,直至1949年。从此大兆镇不仅是西安城南重镇,而且成为长安县政治经济中心。

新中国成立后,洪福寺成为乡一级政府、粮站和派出所所在地。1958年,全民大炼钢铁,洪福寺钟房被拆,大钟被砸毁炼铁。据说,当时洪福寺大钟比大慈恩寺的钟还大,足足需要一间房才容得下。20世纪70年代,洪福寺大门还在。如今洪福寺遗址正北还有佛塔故址。

大兆村地处京畿之地,天子脚下,文风墨气成风,乡贤烈女数不胜数。近代有清末开明大地主杜御基;清同治年间回民起义时的"刀客"杜汉治;北方砖雕工艺的佳作、关中建筑的代表——"城南花房"的主人傅懋赏;民国开明人士傅继越;爱国商人柏世杰等;当代有西北大学教授、博士生导师、轩辕黄帝研究专家柏明;陕西省民俗专家、陕西师范大学教授傅功振;武汉大学教授傅功成,以及在青海省人民委员会工作过的英烈白振中等。

大兆村历史上以农业、农副业、手工业、商品中转业为主,盛产的优质冬小麦,具有颗粒重、皮薄、出面率高、筋道等特点。自20世纪60年代以来,特别是改革开放以来,大兆地区由于地势高,光照长,温差大,无污染,引进试种的旱地无公害西红柿、旱地西瓜和其他瓜果蔬菜创出了很高效益,形成了特色品牌。十一届三中全会以后,大兆村是长安县最早实行联产承包责任制的村。大兆公社社办企业曾在西安地区首屈一指,驻村企业有西安市鱼种厂、长安县大兆机械厂、冶金粉厂、木器厂、大兆机制砖厂、长安县大兆造纸厂、长安县大兆丝绸厂等名优企业。现在建筑材料制造业和笼养鸡、鸡笼制造产业发达,绿色鸡蛋产量较大,先后涌现出西安市酿造公司紫燕分公司、西安滋品源食品有限公司等一批新型企业,成为拉动全村经济腾飞的支柱产业。

从一县之府再度回归到普通乡镇,大兆度过了为期数年的风华,留下了一段鲜活的传说,与之相延续的是这里的民风民情,世居厚土之上的老百姓却依然保持着传统农人的纯朴与勤劳。

城南花房局部雕刻

大兆花房人家

人文厚重的庞留村

庞留村 / 莽莽原土藏盘龙

　　沿雁引路一直向南走，西安城内的高楼耸立之势逐渐放缓，没有了都市里的霓虹和车流，农田开始在城市郊区肆意地延展开来。庞留村就坐落在田舍相连的雁引路旁，距大兆村南仅有4千米，南望巍巍秦岭山脉。

　　据《陕西长安县地名志》记载，唐代时就有庞留村。据《咸宁长安两县续志》记载：咸宁县置二十九仓，南乡置十仓，庞留村隶属大兆仓管辖。大兆仓在城东南三十里，编为十牌，统二十一村，仓在大兆村。全仓依少陵原。户一千三百五十，口七千五百八十九。

　　论及庞留村的村名来源，最早可追溯到"盘龙村"这一称呼。相传，汉宣帝刘询年少时落难于此村，困乏时睡在村口碾盘上，后来住在本村许家巷许广汉家，与许广汉之女许平君两小无猜，相处甚欢。等到刘询登基为帝，便娶了许平君为皇后。封建社会时期，皇帝贵为九五之尊，被视为真龙天子，因汉宣帝登基前曾经在本村栖身，所以该村便改名为"盘龙村"，寓意曾经的真龙天子在此村隐居过。后来，随着庞、刘两个大户人家从村中一连迁出，为了纪念庞、刘二姓，村名又被改为庞留村。

　　庞留村村名来源的另一个说法与"王莽撵刘秀"的民间故事有关。传言刘秀被王莽追赶，逃难于庞留村西，见一老农和女儿正在牵牛犁地，此时田野刚收过庄稼，无处藏身，

第一篇　梦回大兆

69

刘秀只好趴在犁沟里闪避。此时眼看追兵将至,忽见一大群黝黑的老鸦飞来,黑压压如一团乌云般压在刘秀趴着的犁沟上,刘秀因此躲过了追兵。随后,刘秀被老农和女儿救回家,吃了新打下的麦仁豆觉得甚香,并在此住了数日,且对老农之女生出爱护之心,发誓要娶老农之女。待刘秀要走时,这家人问他姓啥名谁,刘秀用指头蘸了水写了一个"庞"字,但就是没下面那一点,村人不解其意。待当上汉光武帝后,看着汉室的大好河山,刘秀就想起救了他一命的那对父女和那碗麦仁豆饭,下令官方找到那对父女。待找到后,老农如何也做不出原来的那个味道。此时,老农告诉他"温饱饭好吃",当时的麦仁豆饭之所以好吃是因为饥饿所产生的温饱感。于是,刘秀如梦初醒,随即便娶了老农之女为皇后。自此以后,庞留村人写"庞"字也不再加那一点,就连村名也唤作了庞留村。

关于庞留村的历史奇闻逸事有很多,据传连唐玄宗和杨贵妃也曾光临过该村。话说当时唐玄宗和杨贵妃游猎南山,途中迷了路,便由门神秦琼、敬德引驾回宫,一行人行至南留村没有留下,在北留村也没留下,最后却在庞留村留下过了夜。

自庞、刘两个大户人家从村中搬走后,庞留村又陆续迁入了成、骆、许、王四大家族,其中成氏家族最为庞大。据老辈传说,自明洪武元年(1368年),成氏一族从山西省洪洞县迁此至今,继祖宗遗训,族风纯朴,耕读传家,人才辈出,在长安小有名气,曾出过许多地方领导干部和文化人。

"文化大革命"以前,成氏一族每逢过年过节,本族人都会操办祭礼之事,操办者

村中留存的浮雕墙

称为值年会人，其首领为值年会首人。春节前夕，由值年会首人提前打扫祠堂，摆设香案，挂祖宗像，供奉祭品。大年初一，本族各户人等手捧香蜡、纸表前来宗庙，祭祖拜先。祭祀过程中，由会首人雇佣八个乐人和红亭子一顶，头天晚上，乐人由头目领上，另外有四人抬上红亭子和老祖先神位，到坟上迎魂。回来后乐人做戏，安堂献饭。次日早饭后，举行迎纸仪式，由头目人领上乐人到各家各户迎接，本族各户人家均备好纸串，并在腰间围上二红纸，等待接迎，接迎后手持竹棍，列队跟行，一直到祖坟上，给祖宗送纸。回来后，到供祖棚下，按派排班，每班两人，给老先祖上香，以三祭五叩首礼祭祖，头目人在侧鸣炮。祭罢后，饮酒就餐。

如今，庞留村成氏一族不再祭祖，但本族人未忘祖训，仍潜心于耕读育人，繁衍生息。

历史悠久的庞留村，古迹众多，村北有敬奉关公关老爷的老爷庙，"文化大革命"期间被拆毁。村东头有一座无量庙，又称华角寺，1988年被拆毁，相传供奉的是隋文帝大儿子杨勇。新中国成立前该村还有十多棵古槐树，均需数人才能合抱，当时村里驻扎着国民党军队，大树都让国民党军队砍伐了，据说是用来做火车枕木。现村里仅剩的一棵大槐树在村中间大涝池东北角，当时因树下有一口井，才使其幸免于难，如今这棵树阴翳蓬勃，见证着该村的沧桑变迁。庞留村还有一座贞节牌坊，为清时该村金铺成家祝氏（祝长茹）的贞节牌坊，为清皇帝所颁。

村中的古宅

散落在街头的贞节坊石刻

庞留村里还有少陵原上等级最高的唐墓——敬陵，墓主人就是历史上赫赫有名的唐玄宗宠妃武惠妃，即唐玄宗贞顺皇后武氏。武氏是武则天的侄孙女，幼年丧父，被武则天接进宫内抚养，后被唐玄宗宠幸，封为惠妃，由于宫廷争斗，惊恐而死，死后被追封为贞顺皇后。

在庞留村内，如今还散落着许多传统建筑，主要是位于成家巷的两处老宅：一处在路南，相传为清朝在朝廷担任"上官书"（音）的一成姓官员所修建，原宅三院，由于清代同治年间回民起义，一院落毁于大火，现存两院；另一处位于路北，为清末一在汉中做生意的成姓商人回乡所建，现保存得比较完整。徜徉其间，青砖蓝瓦，花房砖雕，观后令人有返璞归真、清新达观、岁月悠悠、思绪无边的感触。

暮色暗淡，夕阳余晖下，庞留村外，一片绿油油的麦田从村前一直绵延到天际线下，无边无涯。寻一处静谧偏远所在，心中呼唤着这片莽莽原土之上的风流人物，心里油然而生一种沧桑感，不免发出"向晚意不适，驱车登古原。夕阳无限好，只是近黄昏"的感慨！

大鲍陂村药王庙

鲍陂村 / 那里流淌着潺潺时光

古老的少陵原上名胜繁多，人文胜景似漫天星辰般广布其间，漫步原上，那浩瀚的文物遗存不禁让人发思古之幽情，产生时光流转、心旷神怡的虚幻感。

鲍陂村便是散落在少陵原上的一处古村落，在那里，有披带着历史风霜的古遗迹，有能听得到岁月回响的古道，承载着历史和文化，寄托着乡愁和念想。透过一砖一瓦一冢，我们似乎能感受到潺潺时光在这里静静流淌。

鲍陂村隶属于三益村，分为大鲍陂村和小鲍陂村，均位于少陵原北畔。虽然地处少陵原，鲍陂的地势并不高，而是位于原上的一处低洼地中，村子四周高，中间低。据当地村民讲，过去，这里可能是少陵原上的一处湖泊，鲍陂的陂字意指水中的高地，村中的先民就是依湖而居，过着农耕渔猎的生活，至今，村里人挖宅基地时，还常常能挖出贝壳等水生物遗骸，村人对此已经屡见不鲜。

一直到现在，村中还有一些老人称鲍陂为"皇湖"。相传，鲍陂村以前有一条鲍鱼精，当时鲍鱼精在湖中兴风作浪，伤害百姓，于是皇帝派大将来降妖，驻扎在与鲍陂村相邻、地势较高的甘寨村，后来大将打死鲍鱼精，此地便名为鲍陂。

有关鲍陂名称的来历，还有另一种说法。相传，鲍陂是西周大夫鲍伯的封地。西周初期，天下初定，周武王在古鸿固原上封其弟鲍伯为鲍国国君，因是古鲍国所在地，清末称鲍陂镇，民国撤镇为村，村子得名鲍陂村。鲍陂村也常被写成"鲍坡村"，草堂寺中的明万历年间的铁钟上，将这里写作"鲍坡里"。

在清雍正年间的《陕西通志》中，曾记载了陕西境内的周朝封国，其中就有鲍陂国，其位置大致就在今鲍陂村。《西安通览》中则说，西周时，武王封其弟于京畿东，就是鲍陂。过去，村中有一块村碑，碑上记载这里是"西周鲍伯封邑"。到了明代时，已分为大、小鲍陂。《咸宁长安两县续志》中关于鲍陂也有所记载，"鲍坡村，坡亦作陂，俗称鲍伯"，《隋书》和新旧《唐书》等史书中也多次出现鲍陂这个名字。

史料记载中，鲍陂村还有一座大安寺，据《明清西安词典》《咸宁县志》和《咸宁县续志》记载，南北朝时佛学大师、翻译家鸠摩罗什曾在此译经。以前，村里还有一对古代的奇特石狮，一个敲起来声音沉闷，一个敲起来声如洪钟，甚为奇怪。为防止失窃，人们将它们的座子埋入土中，现已不知所踪。

清代同治三年（1864年），太平天国启王梁成富和兰大顺部合兵一支出子午峪，一支出大峪口，巡抚刘蓉在鲍陂筑垒抵抗，被太平军击败。

新世纪以来，改革开放的春风吹到了古老的少陵原上，鲍陂这块土地真正焕发了青春和热能。勤劳智慧的鲍陂人民，凭借一股干劲，办企业，兴商业，搞副业，改变过去种粮的传统习惯，开始走上多种经营、共同富裕的道路。

三益小学

第一篇 梦回大兆

老村老景

　　数年奔波，往返于城乡之间的鲍陂人忽然发现，他们生存的真正希望还在脚下这块土地，于是，近年来，村党支部、村委会充分发挥本地优势，积极调整产业结构，大力发展农村经济，促进了农民增产增收。

　　发展的脚步而今成了遍布华夏大地的时代跫音，中国人从来没有像今天这样热切而惶惑地涌向城市。十余年时间，西安城的发展也从北向南、从西向东轰然而至。来到少陵原下，鲍陂古村却很难得地坚守在脚下这块古原上，积极呈现出这个时代里极其稀有的古朴、浑厚、大气。古原悠悠，呈吉纳祥；风生云起，浩浩荡荡，鲍陂这片土地上依然流淌着平静、淡然的潺潺时光。

做游戏的小女孩

村里的文化活动场所

柳宗元墓遗址

司马村 / 千年古村话沧桑

从西安沿雁引路向南走，过了大兆村不远就是司马村。司马村是少陵原上一个古老的村落，由两个自然村组成，分为东村、西村。东村有汉宣帝许皇后陵，即少陵，西村有唐代长安杜氏家族墓，唐朝宰相杜如晦、杜佑及晚唐诗人杜牧等均埋葬于此。

南宋郑樵在《通志》中记载："少陵原，乃樊川北原，自司马村起，至何将军山林而尽，其高三百尺。"可见，当时的人们已经用司马村的位置来描述少陵原的走势了。今天的司马村还有一棵巨大的皂角树，据村民介绍，这棵古树是村中老户关家的私产，至少有上千年的历史。村中过去还有3座古砖塔，其历史已无法考证。可以确定的是，至少在唐代，司马村已经小有名气了，因为当时很多的碑刻、地方志中都出现了司马村这个名字。

"司马"本是官职名称，西周时始设，负责掌管军政和军赋。汉武帝时，罢太尉，设大司马，为将军之号，隋代以后，便不再设大司马，从司马这一官职中，又演化出了司马这一复姓。众所周知，我国的许多村落名称都是因姓氏而来，常以村中早期住户姓氏或是村中人口最多的姓氏而命名，司马村很可能是因复姓司马而得名。于是，有村民表示，西汉时的大司马霍光曾在此居住，这里因此得名，还有人说霍光并未在此居住，而仅是来过这里。霍光确为西汉时的大司马，但其生前是否在此居住或逗留，已不得而知。

另一个有关司马村来历的说法，则与长眠在司马村东的汉宣帝第一位皇后许平君有

司马村老房子

关。相传许皇后葬在此地后，许氏一族迁于此居住，其族人中有人获封"司马"，其居住地便得名司马村。不论是有关大司马霍光的传说，还是许氏一族住地的说法，都将司马村的肇始溯源到了两千多年前的西汉时期。

但在历史文献之中，很多专家学者却认为司马村村名和西汉许皇后陵有关。元代骆天骧在《类编长安志》中说，当时被俗传为大司马霍光冢的"司马冢"，其实本是许皇后冢，文献记载汉宣帝许皇后去世后就葬于司马村，许皇后陵因与之北边的宣帝杜陵相比较小，因此被称为"小陵"，而古时的秦地方言中，又将"小"读作"少"，因此，许皇后陵又被称作"少陵"。在漫长的历史时期里，少陵是西安东南郊区的一处地标，其所在的黄土台原也因之而得名，同时，少陵所在的司马村，也成为人们经常提及的地方。

千百年来，司马村作为西安城南的一处人文胜地而为世人所称道，因其得名的西汉许皇后则被淹没在历史的浪涛之中，少有人提及。而除了许皇后的少陵之外，司马村中还有唐代长安杜氏的家族墓地。根据《长安区文物古迹简介》中的记载，除了杜如晦和杜佑，现在已知的葬在司马村的杜氏成员还有杜如晦的叔父杜淹，唐德宗时的刑部尚书杜亚，京兆御史中丞杜济，杜牧的弟弟杜顗。20世纪80年代，司马村中还发现了"唐工部尚书杜公女某柔墓志"的墓志记载，葬主的曾祖父为杜佑，父亲为杜宗，杜牧则是其叔父。

长眠于司马村的诸位杜姓之人中，最为世人所熟知的要属晚唐诗人杜牧了。杜牧是晚唐著名的诗人和军事理论家，这位"赢得青楼薄幸名"的风流才子无意于官场，却创作了恢弘的《阿房宫赋》，和"清明时节雨纷纷，路上行人欲断魂"的千古名句。杜牧一生无子女，临终前自己撰写了墓志，并请他的姐夫代为操持后事。

时至今日，杜牧冢的封土已无，原墓地已成为田地。据村中长者关玉文回忆说："小时候，杜牧冢的封土还在，高约7米，占地面积约667平方米。那时候，杜牧冢前有一个涝池，冢旁有一棵很大的槐树，老人们都说，杜牧的墓冢似官印，这是'怀中有印'的好风水。20世纪60年代开始，墓冢逐渐被平。"

司马西村的东边，过去曾有一个大墓冢，村人称其为"将军冢"。关玉文还记得，他年轻时冢的封土还在，是村中仅次于许皇后陵的第二大冢。关玉文说："过去，我们村有给过世的人'送土'的习俗，尤其是当深受百姓爱戴、德高望重的老者死后，每家每户都会推车给冢上添土，所以，这座将军冢很有可能是一位名人的墓冢，因为受到村里人的敬重，所以送土将封土垫高。"

20世纪90年代时，司马村里来了一批盗墓贼。一天的凌晨时分，村里人突然听到了巨大的炮声，于是大家出来查看，发现一伙盗墓贼已在将军冢前炸开一个盗洞，正准

司马村党员之家

备下洞盗墓，于是村民联合起来将盗墓贼赶走，并回填了盗洞，使将军冢保存了下来。现在这座墓冢的封土已无，成了一片田地。

翻开中国两千余年文明史册，历代文人墨客多如星云，在司马村历史上，不仅出了杜牧这样的豪俊之士，据说另一位大文豪柳宗元也很有可能葬在少陵原上的司马村。《泾川柳氏家谱》记载"柳宗元住万年县，居司马村"。在韩愈所撰的《柳子厚墓志铭》中记载了柳宗元归葬长安的有关情形："子厚以元和十四年十一月八日卒，年四十七。……以十五年七月十日，归葬万年先人墓侧。"宋代洪兴祖的《韩集辨证》中也曾记载，柳宗元墓碑在"京兆万年司马村"，由此推测，柳宗元墓很有可能就在司马村。

杜牧去了，没留下一点痕迹，柳宗元去了，也没留下一点遗迹，大千陌陌，为何就容不下一位诗人的孤茔？如今后世之人只能站在一片深坑洼地里，想象着他们当年有多么意气风发。所幸的是他们都留下了许多不朽的传世名篇，诗文不灭，杜牧就永在，柳宗元也永在，这正如霍光的故事以及许皇后的故事，依然流传在司马村里，留存在世人的记忆里。

村东水库成为人们休闲垂钓的去处

第一篇 梦回大兆

村中的千年皂角树

村庄的记忆

康王井村 / 一个"讲究"的村落

偌大的少陵原上，因守护大明王朝秦地藩王而形成的"九井十八寨"，是长安区许多村子村名的来源。康王井村因村旁有明秦藩王康王朱志𤧛的墓冢，故名康王井。

康王井村隶属于康王村，康王村由两个自然村组成，北章曲和康王井，康王井又分东西康王井。

康王井原来叫作康王金井村，村里有一老井，不知何年所凿，在西康王井村东，水质很好，甘甜沏口，用此水熬成的粥很香，直到现在还有人用这口井里的水。这口井有辘轳，井口直径约一米，传说是个鳖肚子，井下很大，有人用丈余的椽塞到井下抡一圈够不到边。村里人很是引以为豪，因而叫金井。

新中国成立前，康王井有大约80户人家，北章曲有90户人家。那时候康王井村人到南山推些柴草到西安去卖，或者换些度日用品。北章曲村里有一些手艺人，以编灶笼（捞面用）为生，他们将木头锯成一节一节方条，削成把子，凿卯。妇女泡竹，泡好后削篾，宽的做经，窄的编织成笼，男人骑上车子到引镇、杜曲、灞桥、秦镇等地集市上去卖。那个时候全村的男人都上山砍竹子，所以有"手上拿把刀子，脚底踩的苗子"之说。砍竹子很苦累，编灶笼也是一门手艺活，前些年村子还有人会这门手艺，现在已经没人编灶笼了。

康王井村有三个大冢，在东村和西村中间，其中一座就是明秦藩王朱志𡒊的墓。秦隐王的庶子，起初封为富平郡王，宣德元年（1426年），因为秦怀王朱志均去世，没有儿子，朱志𡒊就继承了秦王位，成为第五代秦王。秦康王爱读书，好学，明代宗景泰六年（1455年），朱志𡒊去世，谥号为康。

20世纪70代村民取土时发现了村西的墓道，里面有石门、墓志碑，还有一大瓮。有村民打开密封很好的盖子，瓮里装满黑色油状的液体，有人说是菜油，可都不敢吃，就有人用它当机油给自行车使。据说，当时康王墓里面的砖块很大很厚，有人拿出来垒了猪圈。后来有人建议填埋了墓道口，墓碑被三组一户人家收藏在家，后来就不知踪迹。现在康王墓两边的冢封土无存，砖瓦窑在旁边大量取土，估计要不了多久，剩下的这点土堆也会荡然无存。

此外，在康王井东村还有一座大冢，人称奸贼冢，为何叫它奸贼冢，据说是这几个人害死了埋在不远处少陵里的许皇后，死后就跪在少陵前谢罪。今天看来，这几个大冢的布局像极了一个人跪在地上的样子，和传说很吻合。

北章曲和南章曲紧挨，又同属古章曲，却是分为两个行政村。章曲属于长安城南名胜五曲之一。据《长安地名志》记载：唐代就有此村，唐宰相大诗人萧嵩葬于此。宋代记为张曲。唐代宗时宦官权臣鱼朝恩在此建庄园，有殿宇四千一百三十间，按华清宫样式所建，章曲是重要的组成部分。晚唐时有"城南章曲，韦杜莫比"之说，又有"五曲

村东无名冢

之中，章曲为最"之说。鱼朝恩被斩之后，章敬皇后将此处改为章敬寺，人们以此名首字因而为章曲，分为南北二村。

据住在北章曲的老人黄纯让说，北章曲自古有南庵北寺之说，说是在北章曲西南拐角有姑姑庵，在学校附近有座大庙，叫菩萨庙，供的是五大菩萨，还有雷神等。菩萨庙原先叫显宗寺，后来同治年间回民起义时被烧掉了，就在原有的一些木料椽檩基础上，建了大庙。

如今，康王村里还有许多传统的风俗习惯，随着时代的发展有些已经被淘汰，有些依然保持至今。

比如婚事，过去村里结婚都由大人包办，媒人说好，男女双方不见面。迎新娘时有钱人家雇两个轿，一个蓝，一个红，八人抬的大轿，还要有吹打的，拉板胡的，没钱人只有一个轿，后来成了轿车子，有车轱辘的马拉轿。媳妇轿到门前，拿一个铁铧，在麦秸上烧热甚至要烧红，再倒些醋，在屋里绕一圈，据说是为了避邪。新媳妇下轿要不能沾土，所以事先准备好红毡铺地。新郎要在炕上跷新娘的尿臊，一共跷六个，左三个，右三个，一是在家要听新郎的，新郎是这家的主人，这还是一种祝福，寓意新郎给新娘抵挡一切，保护好她。此外，新娘进门还要撒麦草，提前把麦秸剪成碎末，放在笼子，一把一把地从门撒扬到屋里，现在都成了撒花。女子出嫁时，要哭，要背着上轿，还要由上辈人背。还有让小孩压炕，男孩压生贵子，女孩压生女娃。结婚第二天，新郎带着新娘拿着红毡挨家挨户磕头，感谢乡党邻里，也是认个门。

在康王村，丧事也有许多讲究。村里有老人过世，就请来阴阳先生手拿罗盘，查看风水，选定墓穴，分出穴位大小头，插上木楔子，开始挖墓。挖上一人半深，掏洞子，将棺材放进去，用土糊基（土坯子）或者砖封起来。然后由阴阳先生写好契单，把过七期日子写在上面贴在灵堂前。过世的人脸上要盖三张黄表纸，脚上拴上红头绳，口里含麻钱，入殓时棺材内还要放上铧铁、青石。一般人死后放置五天，也有三天，之后下葬。

进入新时期后，康王村旧的习俗逐渐废除，传统美好的风俗得到了保留，摒弃糟粕，弘扬科学，使后人了解过去，传承传统文化精髓。

第一篇 梦回大兆

在麦地里劳作的妇女

鸟瞰中的中兆村

中兆村 / 平淡优雅的历史记忆

中兆村是距大兆街道办事处约 2.8 千米的一个不大的自然村。东临东曹村，西接二府井村，南和兆寨相连，北与三益村相望，2008 年新修的雁引路擦村而过。

处在"九井十八寨"的少陵原上，中兆村却不像别的村子般留下了不少遗冢，老人们只是记得新中国成立前后村子的土地上还有好些墓冢，没有碑文，后来经平坟拉土逐渐消失了。中兆村这样的平淡无奇，在这片有着庞大历史遗留的土地上，让人不可思议。

据《长安地名志》上记载，中兆村建于隋代。清嘉庆《咸宁县·陵墓志》记载，隋尚书左仆射赵芬墓在少陵原中兆村，俗称泰佰冢。因村在小兆村和大兆村之间，因此得名中兆村。

赵芬，字士茂，隋天水西人也。高祖为丞相，后迁东京左仆射，进爵郡公。开皇初，罢东京官，拜尚书左仆射，与郢国公王谊修律令。俄兼内史令，上甚信之。未几，以老病出拜蒲州刺史，加金紫光禄大夫，仍领关东运漕，赐钱百万、粟五千石而遣之。后数年，上表乞骸骨，征还京师，赐以二马轺车，几杖被褥，归于家，皇太子又致巾帔。后数年，卒。葬于少陵原。

如今赵芬墓早已不复在，村中的老人说 20 世纪 40 年代赵芬墓还有遗址底摊，后来

埋在村里街道正中的石羊

散落在村中的石羊

连底摊也平了,留下许多遗憾和谜底需要后人探索。

历史的遗留许多已无从知晓,村民毋恩民说起自家的祖坟,仍是记忆犹新。在毋恩民的记忆中,20世纪50年代初中兆村北有一片柏树林,郁郁葱葱的,有十一棵两人合抱粗的柏树,那是他家的祖坟所在地。据他的上辈人说,从咸阳原上一眼就瞅见了这一片繁茂的树林子,就决意死后葬于此处。

据村中另一位老人毋志军讲,新中国成立前中兆村村里还有城墙,当时南门洞还在,是翻卷大洞子。其他三个门洞都不存在了,城墙还在,有城壕。那时村里约有160—170户,

中兆村一隅

新中国成立那年他十四岁,记得村里有康氏开的砖窑,毋姓人开有纸坊、醋坊。毋志清的醋坊在当时相当有名,方圆几十里人家都吃他醋坊的醋,以至于贩子专门上门来买再转到西安城里去卖。

中兆村里原本还有十多座庙宇,有老爷庙、楼楼庙、大庙等,破四旧时村里的大小庙都几乎被毁尽。大庙(现在的村委会所在地)坐北面南,上殿供有五大菩萨,东有娘娘殿,西有城隍殿,下殿是五间卷棚。大庙里有一挂大老钟,两三米高,红椿木做的钟架。那时保长开会召集村民时就敲这口大钟,很远都听得见。大庙前还有一小庙,坐南向北,叫无量庙。

毋志军说,以前的村小学就是在原来大庙所在地上建的,再往后才搬到村南现在的地方。小学的对面有一株百十年的皂角树,树身合抱粗,孩子们一放学就围在树下玩耍,夏天树上的皂角婆婆娑娑,似乎在诉说着村子古老的历史。这株皂角树在原上还不算老,也就百十年历史。村西南在往西曹村半道上有一棵皂角树才算大树,有碾盘那般粗,树身已空,孩子们从树洞钻到树上玩、睡觉。可惜的是,20世纪50年代,大皂角树被砍烧了,被砍时虬枝上还有碧绿叶子。

88

中兆村里还有两只石羊，东边一只埋在村子老街道旁，西边一只在街道中间，何时在这里已不为人知。在街道中间的这只石羊背上有一条白纹，据说是这只羊偷偷跑到二府井一户人家里去喝水，被人抽了一鞭子，受了伤跑了回来，因此背上留下一条白色瑕印。前些年，有人移动了石羊的位置，那条街的人得怪病的很多，有人便说是移位惹的祸，后来把石羊又搁回原来的位置，人们的怪病也消失了，所以现在这只石羊还在街的正中间，谁也不敢挪动了。

如今，雁引路从村旁穿行而过，给村子带来了无限商机，处在原上的中兆人开始丢掉对历史的幻想，创造出属于这个时代的新中兆。

村北水库

二府井村村口

二府井村 / 细数流年得与失

秦中自古帝王都，在广袤的八百里关中大地下，埋葬着许多声名煊赫的皇帝、嫔妃、皇族成员和重臣。少陵原上闻名遐迩的九井十八寨，是大明王朝皇族墓园的缩影，二府井村作为九井之一，至今仍保留有明王朝秦藩王族裔的陵墓。

二府井村坐落于少陵原北部，村庄呈长方形，属典型的关中村落。村子东临中兆村，西临韦曲街道西北村，南临西曹北村，北临三益村，站在村北的原塄上，北瞰慈恩古塔，西览航天新城，一条宽畅的雁引路由北至南从村东穿插而过。春天，村子四周麦苗青青，阡陌纵横，一派田园风光引人心醉。

二府井村的始源应追溯至明朝，据《长安县志》记载，建村于明万历年间。村民以农耕为主，兼营手工贩运。儒家"三纲五常"为文化精神主流，村民大多勤于耕作，尊老爱幼，日出而作，日落而息，仁义孝悌是其主要精神支柱。

据地方志书记载，明太祖朱元璋将其子嗣分封到各地当王，陕西名为秦，其二子朱樉便被封为秦王。秦王朱樉又分封其子女为郡王、郡主，二府井即是安裕王朱成泑（郡王）墓的守墓户所居地，后经历代繁衍而成今之村落。因朱成泑在其子嗣中排序为二，其墓旁形成庄园，故称二府井，明代诸王两岁时，便由朝廷赐封建墓，留有天井，故称之为井。

安裕王墓位于二府井村北，现存有一座 10 米高的封土堆，"文化大革命"前尚有三座封土堆，一大二小，大居其中，二小东西居侧，大者即王墓，小者疑为陪墓。"文化大革命"中，安裕王墓大小墓俱遭损，只留下大墓土冢。此外，墓旁上还有一座碑，亦遭损，其碎石埋于离墓不远处的汤房（祭祀用的祠堂），曾有一碑锥，被村民置于村中涝池边作捣衣之用，字迹模糊不可辨认，因涝池被填而埋其中。据村民代代相传，原守墓者姓叶，是村中李、叶、党三姓之一，只是因其后代人丁不旺，至今叶姓在村中所占比例不大。

新中国成立前，二府井村的东西两头各建有一座庙，一座供奉菩萨，名为观音庙；一座名为马王庙，供奉一位管马的官员。据村中老人讲，供奉"马王"，可能与村民崇拜牲畜、希冀家畜兴旺有关。民国年间，村中便有以毛驴贩运粮食的"毛驴队"，村民赶着毛驴从引镇、王曲、杜曲等地把收购的粮食贩至西安以赚取差价。

在二府井村，"耍马脚"是一大民俗特色。每逢天旱，诸村中德高望重之人，组织各户出资，耍神取水，俗名"耍马脚"，其取水活动之大、花样之繁在周围各村中都最为壮观。如今，健在的老人说起"取水"，仍绘声绘色，活灵活现，甚至有传说村民曾见过"真龙"呈现，"取水"很灵。

逝去的村庄

清朝末年，二府井村出了一个秀才，名叫叶寿昌，学富五车，德操很好，被陕西省聘为先生，民国时在西安所封"太学"里教习"皇学"。新中国成立后，二府井村教育程度大幅提高，初中入学率已达到100%，特别是改革开放以后，教学规模和质量大幅提高，甚至出现了一位博士后，这位名叫李义平的博士后是被誉为经济学界"进京一杰"的著名经济学家，系我国第一个经济学界博士后。

在曲江新区和航天城的聚散效应带动下，二府井村迎来了一个昌盛辉煌的新时代，一个古老的村落即将融入现代化的国际性都市之中。梦中那古朴的村庄，已逐渐逝去了，但在二府井村村民的心中，二府井还是那幅浅淡的水墨画，乡韵灵动，温雅动人，这些美好印记将静静地安放在每一个二府井人的心中。

原二府井村村委会

原小井村口的门楼

小井村 / 逐渐远去的风骨

沃野千里的关中大地上，少陵原恰似一条巨龙般盘卧在西安城南，这里地势高旷，原上风景秀丽，尤其是在春暖花开时，草长莺飞，分外美丽。在这一方圣土之上，小井村如同一个美丽的少女般安详静卧，默默地凝望着世间的沧桑变化。

小井村得名于明藩王墓的驻地，明朝礼制规定：藩王出生后两岁，开始修建陵墓，修好后只留一个天井，死后才封葬，讳避墓，称为井。也有人认为，陵墓像个"鼎"，长安区的方言"鼎"音读为"井"，所以小井村得名于明朝的诸侯王陵墓。据考证，小井村旁原有一古冢，据《长安县地名志》记载，此冢为明朝"秦藩王裕王朱成洌之墓，系郡王等级，故陵墓较小"，因古时为避讳坟墓而称其为井，故小井因朱成洌墓而得名。

小井村得名另有一说，过去村东有一个墓叫玉华坟，有群众家里曾有过镌刻着"玉华井"的祭祀用器具，1965年村边曾出土一方相同叫法的墓碑，所以小井村名也可能由一与"玉华"相关的坟茔而来。

小井村以张、李两姓为主，最早村里只有李姓一户，来自村西北五六里地外的高望村，现还有人按老叫法称李姓为"老房子"。一直以来，张李两姓和睦相处，从未发生大的纠纷，白事两姓合着办，红事两姓分开过，这老传统保留至今，也反映了两族人急难相助、荣华居后的高尚风节。

第一篇 梦回大兆

93

小井村村内古迹不多，据老人讲，村里原来有过一棵碾盘粗的空心皂角树，树龄大约有300多年，后被砍伐。此外，过去村里还有两个庙宇，都只有一间房子大小，相邻的二府井村每年耍马脚谢神就在此处。

小井村是一个传统的农业村子，农业曾让这个小村子名噪一时。新中国成立后，小井村用三年时间整修了约26666平方米地，连打了三口井，并修建平行渠、循环渠，使灌溉农业得到空前发展，农业生产条件得到极大改善。农业学大寨时，全村劳力齐上阵，平整土地，硬是将村北的坡地修成了层层梯田，也成了水浇地。20世纪70年代中后期，小井村开始种植棉花，试种的"万株棉"大获丰收，被评为长安县的学习榜样。

小井村也有自己的独特性格，人们至今还对当年小井村农业的辉煌荣耀津津乐道。在那"一刀切"的年代，村干部有自己的思路，而且非常团结，认准了的事就去干。开始时，他们为解决全村吃饭问题，搞"扩大麦田"，种玉米、麦子。改革开放初期，村里开始办砖瓦窑，建起了少陵原上第一家村办企业，村子砖厂以"三十元一千"的低价发砖给村民，所有楼房山墙都是集体出资修建，竣工后还给每户补助600元钱。在当时，小井村人住上楼房成了一件轰动一时的大新闻，引得十里八乡的人齐来参观，羡慕不已。

原小井村村委会

2013年，西安航天基地二期启动建设，小井村被纳入到新区规划的范畴。2015年，小井村整村拆迁，原村落旧址上地铁四号线工程建设如火如荼，这些划时代的变迁，为古老的小井村的腾飞插上了强健有力的羽翼。

村庄是人类文明的印记，每一座村庄都有自己的灵魂。人在，村庄就在，小井村在轰轰烈烈的造城运动中虽已远去，但是它的灵魂尚在，它的那些辉煌历史和人文风情也会永远存在，经过岁月的洗礼，这些沁入风骨的灵魂元素变得越发清晰与坚固。

农历新年扭起秧歌

村里街景

第六节 史海沉钩

大兆 / 中华民国长安县政府所在地

长安，长治久安，一座古老的都城，这份古老源自不朽的文脉，源自千百载岁月的洗礼；自信、开放、大气、包容、向上的民族精神，铸造了长安人永远为之自豪的文化高地。

长安，曾是周、秦、汉、唐等十三个王朝的京畿之地。汉高祖于公元前202年置长安县，因长安乡为名。后曾两次更名常安县，后梁改为大安县，后唐复为长安县。随后其他朝代均沿用"长安"之名至今。

原长安县时代流传下来的徽章

辛亥革命前，长安、咸宁县府均设置在西安城内，咸宁位东，长安位西。辛亥革命后，咸宁、长安合并为长安县，县公署设在西大街鼓楼东侧。

1937年"七七事变"爆发后，西安城遭受日本飞机多次空袭。1939年5月14日，时任长安县长的翁桎，为了避免日本飞机轰炸，将县政府由西安城内的东县门迁移至少陵原上大兆镇的洪福寺里。当时的县政府办公房屋仅有土木结构的旧庙房20余间，当年7月增建土坯房、麦草顶的简易房舍60余间。

长安县政府在大兆历时10余年，先后经过了7任县长。期间，县政府内设秘书室和民政、财政、建设、教育、军事、粮政、社会等科及警察局、军法室、保卫团、合作指导室、县银行等部门。在县制上实行保甲制，县下为联保、联保辖保、保辖甲，全县共辖32个乡、289保、6630甲。

因县城迁至，大兆镇商业气息日渐浓厚，行栈、百杂、饭馆等店铺增加至20余家，从业者约百人。平时，农历单日逢集，商贸流通日益繁荣。

旧日的长安，全县无现代工业，农业以种植小麦、玉米、水稻及杂粮等传统粮食作物为主。个体手工业主要生产加工土布、芦席、竹器、木器、砖瓦等，随后手工业生产合作社应运而生，全县生产合作社发展到19个、社员36305人。其中大兆"天太堂醋坊"酿制小米醋，坊内有大缸300个，日产米醋500千克，畅销十里八乡。

彼时的长安，农村教育也有一定发展。民国二十九年（1940年）实行新县制，推行国民教育制度，全县35个乡镇办起中心国民学校35所，至民国三十七年（1948年）中心国民学校发展到97所，保国民学校602所。县内一些有识之士，或个人捐资，或集体筹资先后创办私立小学6所。

然而，由于经费欠缺，办学依然困难重重，学校设备十分简陋，校舍多为古庙、祠堂。多数办学经费由学生负担，农村生产凋敝，民不聊生，农民无力支付孩子上学费用，学生入学率低，且流失严重。民谣云："春满堂，夏一半，秋零落，冬不见。"就是当时长安县乡村教育的真实写照。

1949年5月初，中国人民解放军到达渭河边，县长杨志俭闻风带县政府人员、自卫团向太乙宫、小峪、子午溃逃。在中共地下党员刘崇英等策反下，自卫团副团长仲兴汉，第一大队长魏应中，第一、三中队长毛云鹏、常秉乾（两人系中共党员）将自卫团拉到大兆村起义。

1949年5月20日长安县解放。6月3日，新的长安县政府成立并迁驻韦曲镇。

第七节 流风遗俗

大兆社火／氤氲在乡土上的缕缕乡愁

耍社火，抬信子

　　社火是中国汉族文化的宝贵遗产，它扎根生活，来自民间，深受群众欢迎。千百年来，它经历代汉族民间艺人及广大群众的不断创造、发展，去粗存精，丰富内容，形成了独具特色的汉族传统广场表演艺术，是人民群众逢年过节必不可少的一项文化娱乐活动。

　　大兆地处关中腹地，地厚原高，民风淳朴，这方生生不息的厚土，也造就了当地人黄土般的性格。大口吃肉，大碗喝酒，大声吆喝，说起话来铿锵有力，快人快语，不拐弯抹角，老实本分，吃苦耐劳，粗犷豪放，又心灵手巧。

扭秧歌，跑旱船

  祖祖辈辈单调的生活也造就了他们对于欢庆年节的表达方式——敲锣打鼓耍社火，这种非物质文化遗产的参与者是真正的"全民上阵"，有表演的，有为表演服务的，有敲锣打鼓的，有前呼后拥的，参加的人很多，村里的男子几乎人人有份。如今，大兆街道社火比较有名的社有大兆东村社、鲍陂村社、友联村社、东曹村社等。

  社火场面是农村最热闹的，也是人们最爱看的，远近几十里的人都来观看，人山人海，景象极壮观而热烈。随着时间的推移，也逐步形成了不少的所谓"社"的团体。这不是行政组织，而是民间的活动集体，也可以叫"民间社火团"吧。他们逢年过节就聚集在一起，敲锣打鼓，放铳燃鞭，车拉桌抬，装信子、抬社火、踩高跷、跑旱船，从初八一直要耍到二月二才罢。而"社"这种民间文娱组织一直传承下来，如今过阴历年时还经常活动。

  大兆几乎村村都有社，有时一个村还有几个社，每个社都有自己的招牌，且艺门、技巧、鼓调等各有所长，每个社都有"友谊社"，这些"友谊社"近的在本乡，远的要到五六十里以外，届时都能相互赶场，相互捧场，相互竞技，造势助威凑热闹，各自想着法子地耍花样，开心之极，得意之极，挣足了面子，场面热闹空前，蔚为大观。

  大兆村的社火表演和长安其他地区的社火基本上没有大的差别，芯子、平台和高跷都是主要看点。

社火芯子是在整个长安地区汉族群众间流行的一类社火。它的结构是人们依据力学原理,采用钢筋铁柱锻造出高低不等的框架,下端横焊约五寸长的脚踏贴片,用于幼童踩踏站立,服饰经过装饰整修,穿上戏装后使人不易看出破绽和机关。芯子由三部分组成,一种叫杆,也有叫镢,也称筒子。它是芯子的支撑部分。杆有单口和双口之分,单口杆上只接一个腰扎子,双口杆上同时接两个腰扎子。另一种叫卡子,它是用来接套在腰扎子的上端,专门绑扎孩子的芯子,有挂的、爬的和站的几种不同形式,杆和卡子只是芯子艺术的辅助部分,所以多年来变化不大,不断变化和更新的是接在杆和卡子中间的这部分,群众叫它腰扎子,也叫出手芯子。它形式多样,有刀枪、犁、纺车、扁担等生产生活和战斗工具的芯子,也有鸟兽、花树、秋千等芯子。其艺术的核心和精华,按其形态可以分为吊芯子、转芯子、翻筋斗芯子和高抬芯子,有了这部分芯子,在表演时就可以变幻无穷,扮演戏剧小说故事、山水人物与飞禽走兽了。

耍社火自然离不开高跷表演,高跷俗称柳木腿,是一种带有舞蹈性质的民间艺术形式。大兆高跷分为高、中、低三种,最高者可达丈余,最低者不足二尺,绝大多数为三四尺的中跷。表演时高跷队随着社火芯子结队而行,时前时后,忽左忽右,逗乐取笑,表演者脚下的木跷虽然很高,走动起来却健步如飞,轻松自如,如履平地。大兆高跷以高、难、险取胜,表演内容更是丰富多彩,如《猪八戒背媳妇》《打柴劝弟》《女起解》《杀裴生》等。

唱大戏,迎丰年

耍狮子，闹元宵

  纸扎是大兆民间社火的重要组成部分，它作为一种陪衬装饰的过眼艺术，在社火芯子中有较为明显的作用，一是随着芯子遮掩其暗中的机关，二是做成各式各样的花草虫鱼、飞禽走兽，充实芯子的观赏价值。纸扎和芯子是相辅相成的，有人把芯子比作筋骨，把纸扎比作血肉。纸扎芯子还有一个显著的表现手法，那就是它的趣味性，如"老鼠上架"，巧装机关，用线绳牵动，几只老鼠时上时下，偷吃葡萄；"骚猴尿尿"是将一条橡胶细管一端通往猴身，一端连接水箱，到观众聚集的地方，由扶桌人暗拧机关，从猴子下身射出一股水来，博得观众哗然大笑。

  如今，城市的发展让许多有意思的民间传统艺术正在逐步消失，因为毗邻西安城区，大兆受到的来自城市的文明礼仪及节庆习俗的冲击更为明显，以往热热闹闹的社火表演如今也陷入了"表演者激情如火，观赏者淡然置之"的尴尬境地，传统民俗地位岌岌可危。

  习近平总书记曾指出："要依托现有山水脉络等独特风光，让城市融入大自然，让居民望得见山，看得见水，记得住乡愁。"乡，就是故乡、家乡；愁，就是忧虑，更是思念。在大兆流传了上百年的社火，正是融入大兆人血脉里的乡愁，一经发酵，回味无穷。如果社火文化在大兆缺失了，大兆人的年味就缺失了，对家乡的眷恋就缺失了。

  历史上，李白写有"举头望明月，低头思故乡"的诗句。近代，余光中先生的"邮票、

第一篇 梦回大兆

101

丰富多彩的文化活动

船票、坟墓、海峡"也生动地表达了他的思乡感受。在大兆一带上了年纪的老人脑海中，他们关于家乡的记忆不仅是少陵原上那一座座王侯将相的墓冢，还有这热热闹闹的一方社火戏，那是他们的美好记忆，也是大兆的文化印迹。

看社火 　　　　　　　　　　　　　绣荷包

著名秦腔演员李梅

多彩大兆

第二篇

  大兆——这个遗落在十三朝古都西安东南角的明珠，西汉时期便已是王陵之选，千百年来，少陵原上厚厚的黄土层记录了农耕文明留给这片土地的深深印记，一路向北的浐河水抚育了祖祖辈辈生活在这里的关中子民，依原傍水而建的孔孔窑洞中曾经历了多少的人生喜悲。

  这是一方浐河汇通、四季锦绣的水土。恢宏的时空中，古代文化与现代文明在这里交相辉映；灵秀与豪放兼蓄的人民在这里生息劳作、奋斗进取。在阔步迈向改革开放的新征途中，大兆人紧抓时代的机遇，让这片黄土地焕发了新颜。依托周边曲江新区开发和航天基地建设，大兆由传统农业逐步向第一、二、三产业融合发展方向迈进，谱写出新时期兴街富民的新篇章。

第一节 从乡村到城镇华丽转型

30多年前，以家庭联产承包责任制为主的农村改革，使土地所有权与承包权进行分离，实现了中国农业改革发展的第一次飞跃。

历史车轮滚滚前行，30多年后，在中国广阔的农村大地上，新一轮农村改革已成燎原之势。作为长安农村改革先行地区之一的大兆，再一次踏上改革新征程，奏响了以城镇化为核心的改革号角。

加速主干道路改造 构建完整交通路网

像大多数20世纪八九十年代广大的中国乡村城镇一样，"要想富，先修路"的红色标语曾广泛出现在当时大兆乡村的房屋、墙壁、看板上，大兆人看世界的渴望从未如此强烈。自20世纪五六十年代起，大兆仅有一条雁引路通往外界，弯弯曲曲，穿村而过。直至新世纪来临，从大兆向外走仍只有运营多年的两条公交线路，且线路时断时续，更一度依靠农用三轮车充当客车往返拉客。除此之外所有道路均为土路，村内道路坡陡弯急，不是上原就是下河，机动车辆通行十分困难。

20世纪90年代初，大兆乡按照"政府主导、群众参与、保障民生、质量为先"的原则，将整街修路改变容貌，方便群众生产和生活作为密切干群关系、树立务实形象的大事来抓，共筹资90多万元，先后修建了大兆—兆寨十字、东曹—庞留、东曹—郭庄、大兆—新庄、

老韦鸣路　　　　　　　　　　　　　　老雁引路

大兆—司马、东曹—小井、三益—甘村、大兆—康王、庞留—高寨9条乡干路、连村路，里程达16.8千米。修村内街道51条，其中水泥路3条，砂石路21条，炉渣路26条，全长21千米。为了排除障碍，打通道路，共移动电杆110个，砍伐占道树木5000多株，拆除房屋228间。

"晴天一身土，雨天一身泥"、"看见一村庄，走得泪汪汪"……曾几何时，大兆的农民群众为脚下的路生出几多无奈。现如今，新建的柏油路和水泥路穿越田间果园，串联起一个又一个村庄，纵横交错，四通八达。庞留村今年80多岁的李大妈整天笑得合不拢嘴："祖祖辈辈居住的村子，出门就是烂泥，现在不一样了，平坦的水泥路一直修到俺门口，干啥啥方便，多亏了党和政府的政策好！"

2012年9月，大兆街道开始了马鸣路扩宽改造工程。该工程起点于雁塔区马腾空村，终点连接韦鸣公路，是市区通往西安市殡仪馆的主干道。扩宽改造工程总里程为6.17千米，道路等级为市政道路，路面宽度为17米，双向四车道，设计时速为60千米，红线

横穿大兆的南横线

控制宽度为40米。2013年11月8日,马鸣路全线贯通,极大地便利了大兆与外界的联系。

马鸣路改扩建工程涉及赵家湾、秦沟村、常兴村、杜家岩村、酒铺村、倪家滩村、孟家岩村、三联村、友联村9个村,14个自然村,26个村民小组,612户村民。共拆除红线内建筑物80753平方米。整体改造工程牵扯范围广,拆迁难度大。大兆街道依照市区整体规划,不余遗力支持工程建设,下大决心,花大力气,排除重重困难,协调各方利益,保障了马鸣路改扩建工程如期高效完工。

与马鸣路改建同步,大兆街道积极支持,大力配合还完成了南横线市级公路建设。南横线,途经大兆5.1千米,贯穿5个行政村,蜿蜒着从西坡上少陵原又从东坡伸向远方,在地图上,形状颇似一只展翅飞翔的大鸟。

初春时节,驾车行驶在南横线公路上,只见路面平整,标牌、路肩、边沟等附属设施完善,两侧绿化郁郁葱葱、花团锦簇,伴着徐徐吹过的春风,车辆行驶舒适而稳当,让人们深切地感受到公路建设带来的新变化。

2014年，大兆街道党工委、办事处树立服务意识和大局意识，全力支持南横线景观绿化建设，全面完成了15万平方米景观绿化租地及附着物赔付任务，及时划清租地产权，严格审核附着物赔偿，确保了道路绿化和自行车道铺设项目如期竣工。

作为市、区两级的民生工程，南横线的建成使大兆街道南部闭塞的5个村庄豁然开朗，如今，南横线宛如一幅诗意的田园画，路两旁的生态廊道树木葱茏，自行车道蜿蜒其间。每到周末，都有成群的自行车骑行族穿梭其间。每天傍晚司马村村段，三三两两的村民坐在生态廊道内的树荫下拉家常。"生态廊道建成后，春天开花，夏天凉快，俺村里人一出门都感觉进了公园，心里舒畅多了。"张景民村民如是说。

以马鸣路、南横线新建为范本，大兆街道还先后完成了街区四条主干道整修，配合各分支线路，区域范围内构建起完整的交通网络。加之地铁四号线途经大兆，正式建成通车后将极大地缩短大兆至西安的通行时间。如今的大兆主干线路段集交通、生态、经济、景观于一体，每天途经辖区的公交车多达100趟，极大地便利了往来旅客。

农村公路畅通带来的不仅仅是出行方便，更重要的是带动了产业的快速发展。近年来，大兆街道以公路建设为载体，以特色产业为依托，不断拓宽农民致富路，呈现出公路通到哪里，当地的群众就率先富裕起来的喜人景象。

西康铁路

如今的大兆，境内公路形成了以省道、市道、区道为主骨架，农村通达通畅道路为支线，干支相连、四通八达的公路网络。街道还把农村公路发展作为重点交通民生工程，全面提升农村公路通行水平，全力打造"畅、洁、绿、美、安"的出行环境。

大道通衢天地阔。一条条铺满鲜花的农村公路成为大兆这个新兴城镇的一个个窗口，串起了"美丽小镇"的美景，更串起了一个个经济绿色增长的数字……

悠居秀美川原之畔 初现青翠花柳新城

站在少陵原上，东观旭日初升，西望夕阳红海，南眺秦岭苍翠，北览古城新貌。

春日，风之习习，桃红杏白，麦绿菜黄，流莺斜燕，风筝引线，心随而跃，放情高歌，好一处踏青佳地。

夏日，麦野金黄，柳枝婆娑，酷暑难耐，日沉月升，登临原上，凉风徐徐，邀三五嘉友，举酒高谈，听几曲雅乐，品北方烧烤，指星话月，酷热烦躁，尽皆无影。

秋日，天高气爽，玉米吐缨，瓜果溢香，野菊怒放，凭高远望，秋水长天，白云孤雁，诗意无限，浮想连连。

新韦鸣公路

新雁引公路

冬日，满原白雪，青松翠竹，挺胸傲霜，陵丘隆起，积玉堆银，红墙古刹，几声木鱼，几曲颂音，人我俱忘，忧伤烦恼，全抛身外，空灵之极。

少陵四季之美哉，在工业化时代如此卓尔不群。

立足长远一起发展，着眼资源优化配置，大兆街道按照以城带乡、以工促农、城乡互动、协调发展的要求，围绕加快城镇化步伐、培育产业支撑、创新投入机制，积极推进城乡一体化。充分发挥农民群众的主体作用，组织农民投工投劳，全面开展村庄整理和整治，加快"改路、改水、改厕、改房"步伐，对农村垃圾、污水进行集中处理，改善农村生活环境。广泛开展美丽乡村建设，对村庄道路、广场等进行全面绿化，共栽植各类花草树木10万余株，绿化洁净了村庄人居环境，极大地改善了村容村貌。加强街道环卫综合管理，先后投资720万元，完成了北街、西街主管道地埋、道沿、地砖铺设工程，以及727米的油路铺设工程。街道亮化、美化、绿化工程与周边建筑风格统一规划，逐项推进，营造出独具特色的关中川原小镇风情，一座田园绿色新城亭亭玉立呈现在世人眼前。

傍晚华灯初上，临近年节，沿街的道旁树上遍挂着远近驰名的大兆红灯笼，配合着路旁彩灯，喜庆的氛围扑面而来。熙熙攘攘的行人多是外出打工归来，急着回到温暖的家中安慰一日辛劳。街边的餐馆内，不时传来清脆的碰杯声和关中汉子爽朗的笑声。小镇浓厚的人情味成为高速运转的城市人眼中另一道独特风景。

大兆街道以完善城镇功能、改善人居环境、延续历史文脉、提升城镇品位、美化城镇景观为工作重点，不断提高园林绿化规划、建设和管理水平，在经济快速增长的同时，努力促进人与环境的和谐发展，使城镇品位进一步提升。先后投入近千万元完成了街道所在地的扩宽、亮化、绿化工程，全面启动了马鸣路综合治理，基本形成了以道路绿化为骨架，小广场、小景观均匀分布，点线面结合，具有地域特色的绿化体系。

深秋时节，开车行进在马鸣路上，道旁宽阔的坡原地带，盛开的各色品种菊花形成成片的黄色、白色、紫色、粉色花海，蔚为壮观，让人不禁减速慢行，生怕惊扰了流连花丛间的蜂蝶。四季有绿，三季有花，在马鸣路沿线你既能感受到关中黄土文化风情，亦可领略浐河独特风光。

建设优美小镇，环境保护先行。大兆街道不以牺牲环境为代价换取经济发展，狠下决心，铁腕整治，切实加大惩治力度，从严追究，毫不含糊，形成打击环境违法行为的

浐河两岸架金桥

四通八达交通网

高压态势。仅2016年，共拆除违建厂房7000平方米，拆除违建民房157间5200平方米，拆除围墙1500米，取缔砂石销售点6个，关闭砂石场8家，关闭白灰厂4家。同时，全面关闭境内45家砖厂，拆除窑体43家，复耕3家。突击整治了三益村109家污染企业及废旧塑料回收点。以坚决的态度和决心，全力以赴打赢环境污染整治攻坚战。

为全面提升城镇品位，给群众提供一个整洁、优美、文明、有序的生活环境，大兆街道建立了环卫长效管理机制，成立街村保洁员队伍，持续对雁引路、韦鸣路、出村路和东片垃圾场进行整治。针对街道卫生死角和盲区，推行"路长制"和"片长制"，将具体路段环境卫生维护职责明确到环保清洁员工，并在特定区块设置提醒标志。同时，规范和清理各类占道经营、乱堆乱放现象，不断加大市容环境秩序整治力度，进一步美化群众生活环境，提升市容市貌，确保城乡美观整洁。

多措并举，美化环境，大兆地区的面貌发生了天翻地覆的变化，让世人开始重新认识这颗被遗忘在角落的明珠，也让大兆人的生活变得更加丰富多彩。

第二篇 多彩大兆

大地如画润少陵

南横线大兆段自行车道

寄梦区域经济提升 打造高速发展新区

随着雁翔环线、西柞高速、雁引公路、韦鸣公路在少陵原上的建成通车，古老的少陵原，再次旧貌换新颜，焕发出青春的光彩，展现于世人面前。

大兆街道，具有独特的区位优势、生态优势和发展优势。近年来，街道党工委、办事处按照区委区政府"优势互补、共建共赢"和"支持开发区就是支持长安自身发展"的工作理念，牢固树立开发区意识，始终把支持开发区建设作为推动区域经济社会又好又快发展的重要途径，积极发挥支持、协调和服务职能，全力以赴支持航天基地二期建设，紧紧围绕曲江新区整体规划，突出做好杜陵遗址保护性开发与利用，借力打造大兆高速发展区，努力培育区域经济新的增长点。

从丈量土地到青苗赔偿，从坟地迁移到围墙圈建，从附着物登记到征地款发放，从入户评估到整村拆迁，大兆街道努力做到马上就办、急事急办、特事特办，不遗余力地支持航天六院、26基地、地铁四号线等项目建设。目前，共建区内基础设施建设突飞猛进，征地拆迁有序推进，项目建设进展顺利，产业集群效应显现。

如今,随着合作共建区取得丰硕成果,合作共建的路越走越宽广,大兆街道进一步凝心聚力、发奋图强,鼓起精气神,增强责任心,继续发扬"5+2""白加黑"精神,加快工作节奏,提高工作效率,借力加快发展,努力把大兆建成全区经济发展的新高地、转型升级的示范区,为建设国际化大都市新型城区再创佳绩。

城乡容貌,是一个城镇综合形象和整体发展水平的集中体现。营造一个秩序井然、舒适宜人的发展环境,更是人民群众的共同愿望和期盼。大兆街道将酒铺地区综合提升作为建设重点,大力实施马鸣路综合治理工程及滑坡治理工程,对马鸣路沿线进行墙体粉刷、植树护绿,对视线所及裸露的黄土植被进行覆盖、装点和装饰,全方位改善区域自然环境,打造出精品景观带,努力改善提升区域形象。与此同时,充分利用区位优势,栽植小杂果林,开展休闲采摘体验旅游项目,利用黄土台原"窑洞文化"发展风格特色各异的农家乐项目,着力将酒铺地区打造成城南新的休闲观光区,进一步带动当地经济发展和农民创业增收。

依法拆除砖场

酒铺村社区

第二节 农业嬗变的探索之路

  党的十一届三中全会后，全国许多地方放手让农民去实践，去选择，去试验，只要有利于促进生产发展的就支持。由于"分田到户，联产承包"符合中国的国情，适应农村生产力发展水平，符合中国广大农民的利益，所以，在短短几年时间里，犹如大地回春，万象更新，迅速在全国推开。

  20世纪80年代初，大兆公社带领广大农民在实行家庭联产承包责任制的基础上，加速向非农业转移，大力兴办乡镇企业，全面振兴农村经济。在陕西享有一定影响的大兆机制建筑砖厂、服装厂、造纸厂、丝绸厂等29个乡镇企业（社队企业），在发展中不断壮大，在调整中逐步提升，创出了许多新经验。1981年5月14日《人民日报》在头版头条刊发了《社队企业在调整中大有可为——陕西省长安县大兆公社社队企业调整的调研报告》的报道，对当时发展农业生产，壮大集体经济，改善人民生活，活跃市场经济起到了巨大促进作用。改革中的大兆，农业和农村迈向了一个新的历史发展阶段，开始谱写新的篇章。

  进入21世纪后，在加快城乡统筹发展、努力实现全面小康目标的今天，大兆街道

杜家岩社区

又一次迎来了前所未有的跨越式发展机遇。如何抓住机遇，加快发展，在区域发展中异军突起，形成统筹城乡发展的战略支撑和重要节点，是大兆人肩负的历史使命。审时度势，科学安排，坚持"特色创品牌、产业带增收"的发展思路，实施"城南瓜果之乡"战略，街道党工委、办事处大力进行农业产业结构调整，集中发展现代设施农业，经过多年努力，大兆西瓜、蔬菜形成了品牌，现代农业创出了经验，成为新时期全区农业发展的新亮点。

一村一业　引领产业大发展

一间间特色各异的"庭院厂房"，一个个忙忙碌碌的"家庭工人"，一张张充满喜悦的农民笑脸，这是大兆依靠内抓产品质量、外树品牌形象，大力发展一村一业，降低门槛让更多农民加入到民营经济创业大潮中来的喜人场景。

专业村发展是大兆人在市场经济大潮中，不断探索总结的又一条新经验。20世纪八九十年代，大兆乡党委政府按照党和国家的有关政策，结合本乡实际，带领全乡干部群众解放思想，抢抓机遇，放手发展非公有制经济。通过把木器、板鞋、塑料、鸡笼、

小兆寨村的作坊式拉丝工厂

拉丝等适合分散加工的产业向一家一户延伸，使个体私营企业如雨后春笋蓬勃发展，涌现出一批发展势头良好的专业村：如小兆寨子村、甘堡村的鸡笼、拉丝，兆寨村的塑料，司马村、新庄村的板鞋，甘寨村、章曲村的木器等，这些专业村在裹上"品牌外衣"后，销售市场迅速覆盖到全省各地，让广大农户尝到了不小的甜头。全乡个体私营企业很快发展到1240户，年产值达到1.2亿元。

一户带多户，一片带一村，一村带一乡。大兆乡（街）坚持"一乡一业、一村一品"发展方向，把做大做强特色产业作为发展农村经济和促进农民增收的着力点来抓，用市场化运作拉动产业，形成了新的经济增长点，实现了一个产业带动一方富裕、一个产业彰显一方特色的农村经济形态。木器专业村甘寨村全村126户，从事木器的78户，占总户数的60%。经过多年发展，甘寨村的木器生产形成"一条龙"，原木、板材、三合板、密度板、刨花板、五金、油漆等都有专人经营服务入户。其生产的木器在西安大雁塔、土门、朱雀家具城和市内各木器市场都占有重要的地位。办公用具，各种老板台、椅，系列民用家具沙发、凉椅、席梦思床等数百种高档产品，畅销西北地区。全村一年总收入近两千万元。

章曲村木器加工厂

进入21世纪，为全力培育发展优势主导产业，进一步提高农业生产的专业化、标准化、规模化、产业化和农民组织化程度，加快形成"一乡一业、一村一品"特色块状经济发展新格局，为全面建成小康社会奠定坚实的产业基础，大兆街道瞄准目标不放松，一任接着一任干，聚焦发展，多措并举，始终把培育品牌、打造品牌贯穿于"一乡一业、一村一品"生产发展的全过程，推动资源优势向品牌优势转变。采取"公司+农户"等多种模式，合作发展特色种植、集约加工等产业。如今全街道"一乡一业"特色村占全街总数的50%以上，覆盖农户近5000户，成为农民增收的一条重要途径。

麦香大兆 城南蔬果满园香

大兆街道位于西安城南、长安东部，分别距西安城区和长安城区仅12千米和10千米，地质上属秦岭北麓黄土台原区，为西安东南最高台原区，海拔400～600米，地势高，属暖温带半湿润大陆性季风气候，年平均气温13℃左右，年降水量在600～780mm之间，冬春少雨，夏秋高温多雨，日照较长，无霜期超过200天。

大兆地区耕地面积广大，人均耕地约846.67平方米；土层肥厚，昼夜温差大，积温

万亩蔬菜大棚

充足,以黄棕壤、棕壤土为主,十分有利于农作物生长,历来是优质小麦生产基地,年种植面积约233.3公顷,粮食总产量1.4万吨,良种推广率达总面积的90%,粮食与经济作物种植比率为8.5:1.5。独特的气候条件和土壤条件为发展精品农业提供了保障。韦鸣公路、新雁引公路、南横线、马鸣路等多条二级公路穿境而过,交通网络现已较为完善,区位优势和便捷交通保障了信息获取和销售市场的稳定。

大兆街道在历史上是一个纯农业乡街,由于产业比较单一,新技术含量不高,一直以来,广种单收,自给自足,多年来总体经济实力在全区一直排名靠后。从20世纪70年代末、80年代初起,在大集体时代,个别生产队请山东、河南等地的"瓜把式"来,从事西瓜种植,增加集体的收入,以此开启了大兆地区农业多种经营的序幕。

从农业社大集体到包干到户的联产承包责任制,大兆地区农户都有一定数量的西瓜种植,自产自销,由此养成了种植西瓜的传统,每年均在千亩左右。由于比小麦种植技术复杂,受制于种植技术,大兆的西瓜种植一直难以形成规模经济。

1998年起,大兆乡党委、乡政府大力调整农业产业结构、积极发展农村多种经营,科学制定了农业发展规划,确定了"三个万"工程,尝试发展地膜洋芋、红地球葡萄、大田西瓜等三种经济作物。经过实践,大田西瓜规模栽培获得成功,最多时大田西瓜面积达66.667公顷，远销西北、四川、北京、广州、新疆等地。

2008年，走向市场经济的农民，在政府的支持下开始尝试大棚种植瓜果蔬菜，从最初的20公顷发展到2012年底的200公顷，种植作物品种多样，西瓜有西农8号、黑密2号、新红宝、特大京欣、西域星、地雷王、墨童、台湾小兰、红双喜、凌丰189等精优品种。蔬菜主要为黄瓜、西红柿、荚豆王、苦瓜等种类，分别有津研3号、欧顿、802、圣女果、天马、中绿、罗丝、牛角王等新特品种，种植品种和产量都大幅度上升，年总产量达1.58万吨，大兆一跃成为名副其实的西安城南蔬果园。

精品种植 打造农业新品牌

20世纪90年代后期，大兆农业开始从以增加产量为主的生产主导型传统农业发展道路，转向优化产业结构、提高农产品品质、增强市场竞争力、增加农民收入的技术经济主导型的现代农业发展道路。

2008年，大兆街道根据实际，本着"高效农业，以点带面，集约经营，规模种植"的原则，确定了"坚持产业结构调整，发展设施大棚西瓜"的发展思路。在街道党工委、

千亩草莓大棚

大兆西瓜产销两旺

办事处的支持下,一批热爱农业科技的农民带头在田野里搭建白色塑料大棚,开始了以设施大棚为主的保护地栽培,从此,大兆开始有了反季节生产的西瓜和蔬菜种植,西瓜也从大路品种变成精品、礼品西瓜,加上栽培管理技术流程的进一步精细化,将西瓜的上市时间提前了1个月,更好地迎合了市场需求,在提高售价的同时还平衡稳定了市场销售,收益显著提升,种植户初次尝到了政策和现代农业科技带来的甜头。

2009年,大兆街道党工委、办事处进一步明晰产业结构调整的思路,确定大兆地区"川果原果"的农业产业化发展模式,强化基地和示范点建设,加快了设施农业发展步伐,当年设施农业发展到了80公顷。

2012年初,大兆街道提出了"串点成线、沿线扩面、点有特色、面有形象"的农业规模化发展思路,并发动大批干部借助网络、街头宣传、推介会等形式,宣传大兆设施农业发展成果,当年底设施农业发展到约206.67公顷,进入快速发展期。2013年,由于航天基地二期延伸扩展,大兆街道工作重心发生了转变,街道及时调整工作思路,将设施农业转向精品种植,重点培育壮大农业支柱产业,扶持培育一批引领行业发展的领军企业。

经过多年发展，大兆现代设施农业已发展到260公顷，其中大棚688个，小弓棚300个。14.667公顷的工厂化育苗中心已成规模，设施农业涉及全街道16个行政村，种植大户28户，并形成以大兆村、寨子村、庞留村为中心的三大现代产业板块。

截至2013年，大兆街道设施农业总投资4725万元，硬化产业园区道路8条3200米，打灌溉用深井10口，并改造了部分路段，配备安装了变压器。举办培训班30多期，建立信息服务网站2个，创建区级示范基地2个。随着农业基础设施逐步完善，大兆设施农业发生了四个明显变化：一是现代农业种植模式除大棚西瓜种植外，实现了一年两茬到三茬的瓜菜种植模式的转变；二是设施类型实现了由单一大拱棚到钢架棚、日光温室、多功能智能温室的转变；三是服务模式实现了从农户自主到政府扶持、政策奖励、跟踪服务的转变；四是成功引进了高产立体西瓜种植技术，实现了逐步由平面种植向立体种植的转变。

大兆设施农业的创新发展带来了良好的经济和社会效益，从2008年起，共接待省内外参观交流30多次。"长原"牌西瓜获得中国杨凌农高会后稷奖，大兆街道先后被中国果品流通协会评为"中国优质西瓜生产基地"，被陕西省农业厅评为"绿色无公害示范基地"。种植能手刘华伟当选西安市第十五届人大代表、西安市劳动模范、陕西省劳动模范。种植能手宁蒋娟荣获全国第十届"创业之星"荣誉称号。随着一系列荣誉的获得，大兆现代设施农业和产出的品牌蔬果知名度不断提升，为精品农业的进一步发展创造了良好的市场环境。

大棚草莓吸引市民采摘

西安紫燕食品公司酱油生产线

转型发展 特色产业增效益

　　长期以来，大兆的经济产业仅仅只有单一粮食作物种植，原上耕地、坡地和河滩地，也主要种植小麦、玉米。20世纪80年代，居住在浐河流域的村庄还有少数稻田，由于浐河水源不丰，已经不再种植水稻，当地群众主要收入依靠粮食种植和外出打工获取。加之工业规模小、商业不发达，一直制约着三产的长足发展。

　　经过几代人的努力，大兆初步建立起基础的工业和服务业。"十一五"期间，大兆街道在推广设施农业的基础上，积极引进外来资本企业，落地投资生产的企业涉及建材生产、印刷装订、机械制造、家具加工、餐饮等多种行业合计28家，共计投入资金37420万元，年产值7800万元。截至"十一五"末，全街道共有工业企业386家，主要涉及建材业、机械加工业、木器加工业、印刷业等，其中非公有制企业占93%，资本额300万元以上企业121余家，300万元以下265家，个体工业户89家。以拉丝、鸡笼加工和木器加工为主的一村一品加工专业村达4个，从业人员达1200人。2010年企业税收总额为260万元。

　　"十二五"期间，在发展第一、二产业外，大兆街道以设施农业建设为契机，加大基础设施建设投资力度，改善投资环境，帮助扶持建设一批规模以上的工业企业，努力发展相关配套服务产业，重点扶持以瓜果采摘、农家乐为主的休闲文旅产业。同时，引导群众围绕市殡仪馆的建成发展特色服务业，在马鸣路沿线建设殡葬服务产业带，进一步均衡地方产业布局，帮助当地群众就业增收。

  2012年至2016年的5年里，大兆街道实现固定资产投资总额15.93亿元，社会消费品零售总额完成7.8407亿元，财税收入完成2168.6万元，共建区财税收入划转完成2571万元，农民人均纯收入达到15538元，各项经济指标实现连年增长，当地人民群众享受到了地方发展带来的实实在在的红利。截至2016年底，全街道工业类拥有资产71836万元，完成工业总产值35351万元，实现税金683万元。全街道有工业企业269家，市属企业1家，非公企业268家。从业人员3980人。其中规模以上企业4家（陕西圣力商品混凝土有限公司、陕西鸿运混凝土有限公司、陕西众一混凝土有限公司、西安建工建科混凝土有限公司），产值300万元以上54家，小微企业211家。工业主要类别进一步健全完善，重点包括：建材生产、家具制造、食品加工等。其中建材生产33家，家具制造98家，食品加工14家。

  以设施农业发展为依托，大兆街道许多农民在吸收外地蔬果采摘基地建设经验的基础上，开始尝试建立蔬果采摘园。经过短短几年发展，全街道开展采摘活动的已达到12家，其中"瓜大姐"宁蒋娟经营的设施农业最为活跃。果蔬采摘业现有的主要形式包括

生产加工形成气候   养鸡产业初具规模

品西瓜，促销售

亲子活动、打造DIY乐园、会员制等，主要活动内容有采摘草莓、采摘蔬菜、领养土地、品尝农家饭等。作为设施农业种植业的延伸项目，果蔬采摘业进一步扩大了设施农业的内涵，增加了设施农业附加值，搞活了经营，其收入达到整个设施农业总收入的30%左右，且还有很大的发展空间和附加效应。

依托邻近西安市区的区位优势，近几年来，大兆街道大力倡导扶持的农家乐取得了长足的发展。目前，绿迪农庄、少陵农家、司马农舍、少陵农庄、李三农家乐、雁引路一号等8家农家乐已逐步形成气候。这些具有地方特色的农家院子，距离市区最近的仅10分钟的车程，没有高楼大厦和城市的喧嚣，青草遍地，绿树掩映，还有杜陵、石人石马的历史文化遗存，能够提供静心休闲度假的绝佳体验。农家院内有假山凉亭，有的还有人工湖，绿色、原生态的农家餐饮特色为市民休憩、聚餐提供了良好地点，受到市民欢迎，节假日常常顾客盈门。

发展中的现代农业产业园

定期举办技术培训会

大兆街道城镇化建设日新月异

第三节 民生工程的暖心事

　　站在宏伟的大兆村门楼前,雁引路挨村西南而过,不远处可看见南横线上奔驰的汽车,西干渠经过几十年的沧桑重新为曲江发挥着自己的作用,村东南的许皇后坟依稀还诉说着曾经的怨艾,麦苗青青,南山隐隐,改革之风,劲吹大兆,一项项民生工程的实施,使百姓生活更幸福、更美好。

　　千百年来单调的农居生活在城镇化建设的大潮中被彻彻底底颠覆了,整洁街道,集中社区,便捷生活,社会保障,丰富多彩的文化周活动,随着这一系列民生工程的持续推进,越来越多的大兆人开始享受着越来越丰富多彩的城镇文化生活。

安置社区 生活环境大提升

　　大兆街道酒铺地区地处少陵原东坡,属于滑坡地带,当地群众多年来沿马鸣路分台阶靠土岩居住,出行不方便,生活条件差。大兆街道从彻底改善辖区群众生活条件着眼,想方设法寻求解决办法。2012年9月,结合马鸣公路扩宽改造,长安区决定对部分村庄实施移民搬迁集中安置,大兆街道抓住这一历史机遇,采取"统规统建、整体搬迁、集中安置"的办法扎实推进移民搬迁安置社区建设。积极主动做好搬迁安置工作，全力推进安置社区建设，切实把这一民心工程、民生工程抓实抓好。

马鸣路安置社区项目涉及三联、孟家岩、倪家滩、酒铺、杜家岩等5个行政村，18个村民小组，305户，1203人，社区建设全部采用"以村为主、统一规划、统一设计、统一招标、统一建设"的方式，总投资8655万元。安置回迁项目分为三联、孟家岩、杜家岩3个集中安置点，地址在少陵原东坡平坦地带，沿水平渠从南至北依次排开。社区占地总面积约16.33公顷，其中居住用地6.3公顷，道路4.2公顷，其他公共设施及场地5.833公顷。同步实施排水、绿化、供电、电信等配套工程，努力建成设施齐全、环境优美、交通便捷的新型社区。几年来，大兆街道把工程具体到每个时间节点，集中时间、集中精力，全力全速推进工程建设进度，确保回迁安置社区建设顺利完成，使老百姓真真实实享受到改革发展带来的实惠。

马鸣路安置社区的建成，形成了大兆街道首个风格统一、生态宜居的社区，拆迁群众从传统砖土窑洞搬进了新建成的安置社区，水电一应俱全，楼上楼下设施齐全，大兆人在自己土生土长的地方过上了梦寐以求的城镇生活。在社区建设中，大兆街道办事处工作人员热心周到地服务，从征地搬迁到安置回迁，从宣讲政策到上门释惑，每一个环节，每一处细节都为群众着想。从小生活在三联村的张大爷在搬进新房后拉着街办工作人员的手动情说道："谢谢娃们，俺们真是赶上了好时候啊，啥时想过还能住上这么好的房子，你们辛苦了。"群众满意是对党员干部的最高奖赏。

大兆街道办事处

基础设施日益完善　　　　　　　　群众健康得到保障

为使群众在转型期尽快适应新型城镇生活，大兆街道还积极加强新型社区劳动力就业培训，鼓励群众学习技术，量身制定培训项目，精准就业培训体系，引导群众种植花草，不断提高就业能力，确保群众住得下、安得稳、过得好。

马鸣路集中安置社区的顺利回迁，不仅使群众实现了由居住条件改善到居住环境的改善、由乡村生活到和谐家园的提升转变，也为今后新型农村社区建设进行了积极的探索。

惠民政策　民生保障全覆盖

面对新时期各方面的矛盾比较集中、相对突出这一现实，大兆街道坚持用新举措应对新情况，用新办法解决新问题，用新点子解决新矛盾，尽心尽力地做好群众工作，全心全意地为群众办实事、办好事，有效地解决了群众生产生活中的实际问题，赢得了群众的广泛赞誉。

积极兴办惠民实事。2016年，大兆街道以落实街村78件实事和11个"一事一议"项目为抓手，积极开展基础设施建设和各项保障性工作，加强公共设施建设，继续开展

文艺演出丰富生活

道路、广场、照明、人饮等民生工程，完成智慧光网工程3258户，实现了广播电视"户户通"，满足了少陵原人民群众等享受看电视、听广播的文化需求。

扩大农村就业培训。大兆街道按照实际、实用、实效的原则，不断拓展农村非农就业空间，积极开展农业生产技术培训，大力提升外出务工农民素质。2016年农村劳动力培训达1100人，劳动转移6000人，新增小额担保贷款19万元，促进了劳动培训由数量型向质量型、实用型向技能型的转变。

着力推进扶贫工作。大兆街道落实包抓联扶机制，建立脱贫跟踪制度，创新扶贫帮困途径，让脱贫村民不返贫。仅2014年以来，大兆街道先后有236户困难群众脱贫，并将年收入1920元以下贫困户全部纳入农村低保范围。

为进一步保障群众基本生活，大兆街道还不断加强社会保障体系建设，逐步完善了村民就医、上学、低保、五保、养老等保障措施，新农保参与率达到90%以上，新农合参合率95%以上。同时，注重加强对受灾、大病群众的救助，协助建立了街道爱心帮扶组织，进一步健全了群帮群扶机制，积极开展各类慰问、帮扶活动，鼓励企业等经济组织开展慈善公益活动，传播社会温暖，弘扬大爱精神。大兆养老服务站被授予"区级敬老文明号"称号，营造出敬老助老的良好风尚。

大兆新建公立幼儿园

人居环境不断改善

"坚持以点带面,抓基础、抓根本、抓关键,把关系人民生产生活的交通安全、生产安全、食品药品安全、综合治理和信访维稳等最基础、最根本的工作做实、做细、做到位。"大兆街道在大胆探索区域科学发展新模式中,建立了30个农村道德评理会,制定了村规民约,开展普法教育,提升当地群众的整体素质。组建了536户治安中心户长队伍,保障大兆区域治安环境的稳定,全街道形成了遵法守礼的良好环境氛围。

第二篇 多彩大兆

文化交流誉中外

生态农业醉外宾

文化大餐 群众生活更丰富

除了深厚的文化底蕴，历史人文遗迹也让大兆人浸润在历史人文的滋养中。近年来，为了给人民群众提供丰富的文化大餐，大兆街道充分发挥自身人文优势，着力打造"特色名片"，使广大群众在各类文化活动的氛围中，体验到独特地域文化的魅力。

"一波三折……""哆、来、咪……"一走进大兆街道文化中心综合大楼，绘画班、书法班等各类特色培训班令人应接不暇。像这样过着充实文化生活的市民，在大兆可不在少数。健康向上的人文环境是衡量一个地方文明水平的重要指标。随着大兆街道公共文化服务体系不断完善，文化逐渐融入市民生活，越来越多的群众开始享受着丰富多彩的文化生活，文化已成为他们生活中不可或缺的一部分。

以"感悟少陵文化，畅扬现代生活"为主题，大兆街道少陵文化周活动已成为群众文化活动中的靓丽品牌。近年来，先后开展了"中国梦·大兆梦"等主题文艺演出，邀请西安市儿童艺术剧院、临潼秦剧团等专业剧团和《幸福之歌》公益文化百村行活动给街村群众送戏，用一场场接地气、有正气的文艺演出温暖基层群众心田。举办了"健乐杯"农民足球联赛和书画摄影展，共展出书画作品400多幅，让群众在学习、劳动之余自得其乐。每逢春节期间，各村秧歌队红红火火闹元宵，民间书画爱好者自发为群众书写春联，把祥和气息广泛传递。丰富多彩的文化生活，激发出人们的热情和活力，营造出积极向上、健康快乐的浓厚氛围。

大兆街道在广泛开展群众性精神文明创建活动中，一件件利民实事，一个个丰富活动，顺应了群众对美好生活的新期盼，让他们真切感受到了身边环境和社会风气越变越好，看到了"经济强、百姓富、环境优、生态美"的新长安的现实图景。"最美乡村"创建，让大兆的乡风更加文明，乡村更加美丽。

机关干部转作风树形象

第二篇 多彩大兆

首届少陵文化活动周

外国友人与当地小朋友交流

大兆地膜西瓜种植基地

长塬牌西瓜推介会在胡家庙果品批发市场举行

小学体育场所

第四节 家门口享优质教育

　　大兆街道现有小学7所，公办幼儿园1所，民办幼儿园3所。现有公办教师143人，小学在校学生1881人，幼儿园在园儿童1353人。多年来，在致力于经济发展的同时，大兆街道党工委、办事处始终把教育工作放在优先发展的位置，浓墨重彩，重锤擂鼓，精心绘制大兆教育新蓝图：校舍建设、撤校并点、幼儿教育、教师队伍、教育质量等诸多关键词，成为记录大兆街道教育事业发展的一个个闪光点。

　　崭新的校舍，宽阔的操场，美丽的校园，设施齐全的专用教室，先进的多媒体教学设备……这样的变化，在大兆街道所有小学里都能看到。

　　实现义务教育均衡发展，硬件是基础。大兆街道抢抓"普六"和"普九"楼房化和"双高双普"等机遇，坚持全域统筹规划，集中资金办大事，大力推行义务教育学校标准化建设，农村中小学办学条件跃上新台阶。20世纪90年代以来，先后投入资金4000余万元，实施义务教育学校的楼房化、校园文化、墙体美化、运动场亮化等建设，合理规划布置多媒体教室、微机室、"班班通"、科学实验室等现代化装备设施。引导各校将传统国学经典、民风民俗、人文地理等元素融入校园文化建设中，大力培育"一乡一主题""一校一品牌""一校一特色"的校园文化。

合理配置教育资源,全面提升教师素质,缩小学校、城乡、区域间教育发展水平的差距,办好每一所学校,教好每一个学生,是推进义务教育均衡发展的目标任务。2000年后,随着中小学数量特别是小学数量迅速减少,街道把优化教育资源放在突出位置,积极按照县(区)政府要求,加快推进撤校并点。辖区学校、教学点由19所调整为7所。撤校并点后的学校布局结构更加合理,教育资源得到了充分利用,为提高教育教学质量奠定了坚实的基础。

"公办少,民办弱""城市挤、农村缺""师资缺、管理弱"……以往,学前教育曾是大兆基础教育发展的一块"短板","入园难、无学上"成为当地老百姓反映强烈的一个教育难题。

为加快发展学前教育事业,满足人民群众对优质学前教育的需求,从2011年起,大兆街道全面实施"学前教育三年行动计划",扎实推进各项工作的发展,先后投入资金2000万元,新建高标准公办幼儿园1所,支持兴办民办幼儿园3所,并添置幼儿生活设施设备、电教教学设备等,极大地改善了这些幼儿园的办学条件。街道中心幼儿园被授予市一级园,小燕子幼儿园、群艺幼儿园被授予市二级园,育苗幼儿园被授予市三级园。

教育大计,教师为本。提高教育教学质量,切实缩小城乡、校际差距,基础在办学

小学优质教育

条件，关键在教师，特别是一大批高素质的专业教师。近年来，大兆街道通过加强教育、集中培训、远程培训、外出研修等多种途径，打造了一支作风硬、业务精、纪律严、师德高的教师队伍。高学历教师比例大幅提升，教师队伍结构进一步优化。20世纪90年代，教师学历以高中、中师为主，目前教师队伍中硕士学历2人，占总人数1%，本科学历占53%，大专学历占44%，中师占2%。

教学工作是学校的中心工作，是学校的生命线。大兆街道不断加强教育教学常规管理，教育教学质量得到稳步提高。通过建制度、抓教研、强培养、倡学风、重奖励，小学教育教学各类指标达标，在市区师生征文、赛教评优、学生各类活动中取得显著的成绩。

大兆街道特色学校创建工作的开展，逐步形成了"学校有特色、教师有特点、学生有特长"的生动局面。目前，全街道7所小学均成功创建为区级"平安校园""文明校园"，在区教育局"教育教学常规管理示范学校""书香校园""德育示范校"等各类创建活动中取得良好的成绩。

幼儿快乐美劳

抓学习，促发展

第五节 党建春风润无声

时代的脚步悄然行走，加强党的基层建设，打造一支高素质的"铁军"，无疑成为奏响大兆发展的最强音。近年来，大兆街道认真贯彻执行习近平总书记关于党要管党、从严治党和推进全面从严治党向基层延伸的要求，坚持抓班子、带队伍，抓基层、打基础，努力通过党建工作出党的凝聚力、出干部积极性、出群众满意度，走出了一条体现大兆特色的基层党建新路子，也为经济社会跨越发展提供了坚强的组织保证。

机制创新 让党建之花别样红

实施基层党建创新，是对基层党建工作难点、热点和焦点问题进行探索的一个重要手段，也是推进基层党建工作向特色化和精品化方向发展的一个有效措施。大兆街道高度重视基层党建工作，通过开展基层党建创建示范，探索建立"党建+"机制和"党员中心户"机制，切实发挥其示范引导、辐射带动作用，整体提升全街道基层党建水平。

农村富不富，关键看支部；支部强不强，关键看班长。大兆街道按照新时期区委对农村党建工作的新要求，以村级党组织升级晋档、科学发展活动为载体，坚持书记抓、抓书记，将整顿软弱涣散基层党组织、加强服务型党组织建设等6个方面的工作作为农

政策宣传进千家

村党建工作的重点，选优训强，加强农村基层党组织带头人队伍建设，顺利完成了村党组织换届选举任务，对新任村党组织书记、村委会主任进行了集中培训，提高了村级主职干部的法律意识、规矩意识和服务意识。

针对农民群众办事难、找人难的问题，大兆街道全面推行了村干部坐班制，在30个村建立了"三委会周例会日"和"驻村工作日"，即在村级活动场所，每天有一名村干部轮流值班，全天候接待群众，代理代办村民事务，让群众在第一时间能找到人，能办成事，切实解决了群众办事"最后一公里"的问题，并在各村推行为民服务代理制，顺利解决了交通设施、排水排污、电信电缆等问题，群众满意率达96%。

以抓党建、惠民生、促发展为重点，大兆街道紧紧围绕各村重点难点问题，抓班子、抓服务、抓稳定、转产业，扎扎实实为群众办实事办好事，推动了农村各项事业的发展，先后对30个村党建现状进行了摸底建档，创建了18个2A级档案村，6个维修村级阵地，7个新建农村阵地文化广场，2个市、区级文明单位，进一步夯实基层组织的底气、鼓舞党员干部的士气、聚起农民群众的人气。

桃红复含宿雨，柳绿更带朝烟。大兆街道通过一系列的机制体制创新，使党建工作

宣传教育常态化

在联系服务群众中彰显凝聚力，在转变观念中彰显创造力，在推动科学发展中彰显战斗力，让党建之花开遍大兆的每一个角落。

抓"十个好" 让党建之根更牢固

站在全面从严治党、建设美丽城乡的新高度，大兆街道把农村基层党建工作摆在更加突出的位置，严格按照区委提出的把后进党组织整顿好、街道党校兴办好、"三会一课"制度落实好、大学生村官和第一书记使用好、农村干部待遇落实好、村级办公经费管理好、村级活动场所建设好、村规民约及评理会制定好组织好、村监会职能发挥好、农村环境卫生整治好为主要内容的农村基层党建"十个好"工作要求，通过农村党建工作的持续加强，进一步筑牢了党建基础，激发了基层活力，为区域健康、持续发展提供了不竭动力。

多年来，大兆街道采取领导分片包抓、成立工作组、选派第一书记等多项措施，对有软弱涣散情形的村党组织，列出清单、建立台账，逐一分析、对症施策，发现一个、整顿一个、转化一个，使后进党组织得到了进一步加强。同时，针对各片不同的发展情况，制定了"农办抓东片、支航办抓西片、社事办抓南片、信访办抓北片"的横向党建包抓体系，坚持纵向到底、横向到边，确保党建工作不留死角，推动了党建工作与经济发展的有机结合。

坚持从办好街道党校、制定好村规民约和组建好道德评理会、发挥好村监会职能、整治好农村环境等方面入手，组建了各村道德评理会，推选德高望重、公道正派的村民担任道德评理会成员，教育村民、化解矛盾，创新打造以村规民约、道德规范为内容的特色文化墙，使群众在耳濡目染中培养科学、文明、健康向上的生活习惯。围绕建设"美丽乡村"，从规范保洁队伍、夯实环卫设施、完善管理制度、加大经费投入、严格监督检查、健全长效运行机制等六大方面着手，在全街道范围内开展农村环境整治、"美丽乡村"提升活动，全面改善了农村人居环境。

务实为民 让党建之本更有效

按照从严治党的目标，强化党要管党的责任，大兆街道紧紧围绕服务中心、建设队伍两大任务，以坚定理想信念、服务改革发展、加强作风建设、建设一流队伍为目标，将党建工作与经济社会发展、民计民生紧密结合起来，全力激发党员干部的干事热情，为推进大兆科学跨越发展、打造幸福街道提供坚强有力的保证。

在杨虎城陵园接受革命先烈教育

坚持凝心聚力抓党建，抓好党建促发展，实现了大兆街道经济社会和谐稳定发展的良好局面。目前，全面完成了西安航天基地二期建设征地任务，地铁四号线、航天六院、天宇集团等一批重大项目已陆续开工建设。仅仅用两个半月就完成小井、二井2个村的整村拆迁，拆迁安置367户845名群众，涉及拆迁面积达34万平方米，被誉为西安城市建设过程中棚改的"双井模式"。

大兆街道更加注重兴办民生实事，始终把为大兆人民谋福祉作为最大的责任，让发展成果惠及更多的百姓。2015年全街道95户贫困户脱贫任务圆满完成，341户群众从川道条件恶劣地方搬到原上平坦区域。2016年20户重点帮扶户全部越过了3200元的贫困线。同时，全力做好扩大就业、增加收入、社会保障、看病医疗、子女教育、扶贫解困等群众普遍关心的民生问题，让老百姓真正得到实惠，促进社会和谐稳定。

生态文明永续发展

大兆街道工厂化育苗中心

第六节 最美大兆人——从黄土地走出的拓荒者

在一眼望不到边际的广阔少陵原上，搭建起一个又一个白色的大棚，他们将青春和汗水忘情地挥洒其间，他们用坚韧的意志度过一个又一个难关，硬是为大兆摸索出了一条发展现代设施农业的创业致富路，为这片历史悠久的土地建起了促进经济发展的支柱产业。这条路上他们走得艰辛却从不孤单，街道从始至终的关心扶持，村民乡亲嘘寒问暖的期待，还有越来越多的志同道合者加入现代精品农业的创业路，大兆的现代设施农业发展道路必将越走越宽。而人们永难忘记最初的拓荒者，他们创业的经历将激励着后来人奋勇前行。

"瓜大姐"宁蒋娟走上品牌农业致富路

在大兆街道，只要提起"瓜大姐"宁蒋娟，村民们都会伸出大拇指。作为最早一批承包种植大棚西瓜的创业者，宁蒋娟在创业初期就抱着带动全村乡亲增产增收的念头。如今，宁蒋娟注册的"大兆""瓜大姐"品牌受到广泛认可，但她仍挂念着乡亲们的生活，在严把产品质量关的同时，无偿出让品牌帮助村民们开拓西瓜出路，共同致富。

"瓜大姐"宁蒋娟

2008年,一贯以"菜好、量大、老板娘人品好"而生意兴隆的"仙仙饭店"突然贴出转让信息,让当地人大吃一惊,眼见关心的人越来越多,为人低调的宁蒋娟才道出原因:虽然从事餐饮行业20余年,生活富足,不愁吃喝,可总是惦记着应该为家乡和社会做些什么。在偶然听取了一次"关于经济危机对中国的影响"的讲座后,她萌生了在村里搞大棚、种西瓜,为村里走出一条创业致富路的想法。

当年,宁蒋娟就在村里承包了约6.67公顷大棚,同时邀请了部分瓜农,一起搞设施西瓜。

创业路上总是充满艰辛。2009年3月,凝视着育苗棚里嫩嫩的瓜苗,宁蒋娟开心地对跟着她创业的15名乡党许愿,如果今年丰收,给大家都包一个大红包,给村里修个图书馆。然而暖春4月的一场大雪成为了宁蒋娟的一场噩梦。育苗棚和另外搭好准备移苗的大棚都被压垮了,瓜苗几乎全被冻死,直接经济损失达到30万元。在最困难的时刻,宁蒋娟坚持如约兑付瓜农的工资。有的瓜农心里不忍,表示可以少一点,但宁蒋娟却坚持:"这是大家的辛苦钱,再苦不能苦了下苦人。"

2010年,少陵原上疯狂呼啸了3天的春风再一次吹碎了宁蒋娟的创业梦。孤零零一个人看着已经挂果的瓜苗七零八落,她止不住嚎哭了起来,瓜农们也开始自觉地自谋出路。然而倔强的宁蒋娟不肯低头认输,她突破重重阻力说服丈夫将单位团购房的房款提出来再建大棚。她心中始终有股坚持的动力:"大家都看我日子过得好,我答应了乡亲们要带大家富起来，大家相信我跟我干，失败了瓜农们啥都没有了，我不能这么不负责任，不坚持到最后，我不甘心，我觉得对不起大家。"这一次，宁蒋娟下狠心在少陵原上第一个启动搭建了钢混结构大棚，并改单一的西瓜种植为瓜菜混种，每一季都能收获新鲜蔬菜。她经营饭店时建立的良好口碑，加上为村里做实事的良苦用心，大家都看在眼里，感动在心里。街道办事处引导协助，村民、熟人们主动帮她推销销售，当年即获利达到30万元，宁蒋娟的付出终于开始收获回报。

2011年，宁蒋娟牵头成立西安市长安区合民意种植专业合作社，使村里一家一户的个人行为变成了风险共担、利益共享的联合经营组织。成员地位平等，加入自愿，退出自由，利益共享，风险共担。他们引进新品种台湾农友的小西瓜、洋香瓜、樱桃番茄，以色列无刺小黄瓜，黄板、防虫网、沼气池及各种无公害蔬菜新技术的推广应用种植，打破了本地区多年来单一种植西瓜的模式，相继注册了"大兆""瓜大姐"的品牌，申请了农产品产地认证及产品认证。不只是自己的大棚，附近魏寨、炮里的西瓜和蔬菜，只要质量有保证，她都义务帮助销售，都可以用她"瓜大姐"的品牌。仅2012年一年，就帮附近的街道销售西瓜2万吨，村民们敲锣打鼓给可爱的"瓜大姐"家送来了锦旗。

经过4年磨炼，宁蒋娟从一个门外户变成了种植能手。有一天，宁蒋娟总是发现瓜棚附近有人偷偷摸摸在转悠，堵住来人一问，原来是附近瓜农，想偷学她的技术。宁蒋娟大大方方地请他进棚，知无不言、言无不尽地为他答疑解惑。瓜农惊疑地问："教会徒弟，饿死师傅，你为啥教我这些？"宁蒋娟哭笑不得："我一个人把钱又赚不完，都是四里八方的乡党，大家都富起来不是更好？"这件事后，她的大棚开始开门迎客，谁想学技术，都可以来参观学习。她还联系区农业局，在她的棚里为瓜农搞讲座，传技术。这些年，她的大棚渐渐变成了远近闻名的育苗基地，新技术几乎都是从她的棚里推广出去的。

举办西瓜品尝活动　　　　　　　　　　小学生欢乐瓜园行

大兆西瓜形成品牌

  2013年，一位借用"瓜大姐"品牌的周边农户生产的菜豆出了问题，引起了合作商的不满，宁蒋娟一人承担全部损失后，开始严把供货渠道，但并没有禁止品牌无偿借用，她还是希望能给乡亲们多一些帮助。事件过后，贴牌供给超市的果菜质量更有保障，越来越多的超市主动找到宁蒋娟要求合作。

  在参加清华大学经济管理女性创业管理课程后，宁蒋娟和陕西同学联合筹办了"陕西女性创业联盟协会"，并担任副会长，多次给灾区捐款、捐物，与其他合作社女理事长成立"陕西秦尚农产品专业合作社联合社"，担任监事长，帮助想创业和在创业路上遇到瓶颈的朋友。

  在一个陌生的领域，摸爬滚打了八年，坚守了八年，痛并快乐着奉献了八年，"瓜大姐"宁蒋娟仍经常给员工讲"要做事，先做人"的原则，她始终不忘初心，不忘带着家乡的父老乡亲一同致富。她的企业先后被评为省、市民营科技企业，西安市优秀妇女合作社，西安市长安区科技示范园。宁蒋娟也被评为全国第十届创业之星、陕西省第十二次妇女代表大会代表、陕西省三八红旗手、陕西省农村青年致富带头人、西安市科技特派员、西安市千名孝子，还被推荐为长安政协第十三届委员、长安区科技特派员、长安区科技创新人才等。

大兆现代科技农业带头人刘华伟

长安西瓜从五月卖到七月是在刘华伟的瓜棚里实现的,这也是种瓜将近20年的刘华伟最引以为傲的成就。作为当地最早一批瓜农,他亲眼见证了大兆西瓜种植业从最初的靠天吃饭一步步发展到今天的大棚种植,科学嫁接育苗,多品种瓜蔬混栽的现代农业经济大发展全过程。提到西瓜,刘华伟总是充满自信,他相信,现在才是最好的时候,明天会比今天更好。

刘华伟当选省劳模

高中毕业后的刘华伟养过牛、贩过菜,但都没挣到钱。1998年一个偶然的机会,他看到许多外地商贩在西安卖西瓜生意很好,就想到自己的家乡长安大兆离西安不到10千米路,如果能在家乡种西瓜拉去西安市里卖,一定能挣到钱。于是胆大心细的刘华伟开始在自家的农地里进行尝试,不想当年竟获利3000多元。看到刘华伟种瓜挣了钱,许多村民纷纷效仿,小兆寨子村一度成了少陵原上的西瓜村。然而,好景不长,由于缺少资金、不懂技术、种植品种单一,刘华伟和村民们种植的西瓜,产量销量均受到很大制约,很多人种了几年反倒赔了钱。

2003年,长安区农业部门组织农户到蒲城龙池乡参观大棚设施农业,一同前去的刘华伟在蒲城大开了眼界,现代农业科技的高投入、高产出、高效益让刘华伟的一腔热血沸腾了起来,他开始动起了采用大拱棚来种植无公害西瓜的心思。

敢想敢干才有可能成功。种植大棚西瓜对技术要求很高,需求资金也很大,家里人劝他别胡折腾,但他认准了科技种植一定能带来高效益。不懂技术,他骑着自行车东上蓝田、西到户县,"明串门子偷学艺",一心好学的刘华伟很快掌握了大棚西瓜的育苗、嫁接技术。没有资金,他向亲戚朋友东挪西凑,还积极争取到了区农业部门的20万元帮扶资金。经过3个多月艰苦的劳作,26座结实耐用、抗风性强的大拱棚在开春后全部建成。大棚种植的西瓜不仅能抵御自然灾害的侵袭,更将西瓜的成熟期大幅度提前了。

刘华伟也经历了2006年长安西瓜滞销贱卖的困难时期,之后,他开始在西瓜品种和成熟上市时间上动脑筋了,差别化、优质化是避免削价竞争的根本手段。2007年开始,刘华伟扩大了种植规模,播种了三四个品种约1.33公顷地的西瓜,其中,特别栽种了约0.13公顷大棚西瓜,选种都是上市早、受市场欢迎的小型瓜。通过采用嫁接育苗的方式,有效解决了病虫害的问题,并将上市期提前了半个月。从此刘华伟种出了长安上市最早的西瓜,一到瓜果成熟期,不用进市场,光上门来的熟客就订完了。

现在,刘华伟的瓜棚种植的都不是普通的瓜果,他种植的大棚西瓜每斤要卖到5元左右,一方面是上市早,物以稀为贵;另一方面是品种好,他选种的都是新品种,西瓜味道鲜美;此外还有一个重要原因就是最大程度地减少使用农药,尤其是在成熟采摘之前的二十天左右,坚决不使用任何农药。有机农业是未来发展的趋势,刘华伟始终走在时代发展的最前端。在种瓜之余,瓜棚还能种秋黄瓜、番茄、荚豆王等精细蔬菜,打时间差,多重收益。

成为大兆现代农业的领头人后,如今的刘华伟也开始将更多的精力投入到区域经济的发展上,他当选为西安市人大代表,为长安区农业示范园整体规划建设积极建言献策,为带动全区设施农业科技发展普及尽心尽力。他曾亲自表示将一如既往搞好科技农业,和乡亲们共同努力,将为广大市民送上最新鲜、最有营养的蔬菜、水果作为自己的使命。

在一批批勤奋淳朴的大兆人的拼搏努力下,美丽大兆街道不断加强农业设施建设,优化农业生产布局,转变农业增长方式,推动新型城镇化与新农村建设双轮驱动、互促共进,让广大农民平等参与现代化进程,共同分享现代化成果。

展望未来,依托紧邻曲江、浐灞和航天基地的区位优势,紧抓"互联网+"的时代机遇,大力发展绿色经济是大兆发展的必然选择,我们共同期待大兆更加美好的明天。

成熟期的"金美人"西瓜

未来大兆
第三篇

"十二五"收官之年,大兆便交出了一份亮丽答卷。如今,"十三五"新篇章正徐徐翻开。

走进大兆,跨越发展的最强音已经奏响,新的蓝图已经绘就。跳出大兆谋事,胸怀赶超之志,大兆人将踏着永不停歇的追梦脚步,加快全面建成小康社会的步伐,不忘初心,砥砺前行。

大绿工程点亮大兆

大兆正在下的一盘大棋

长安历史悠久，文化灿烂，人杰地灵。

在追赶超越突破发展中，长安区依托秦岭北麓生态屏障和西安高新区、曲江新区、航天基地、常宁新城等重要板块，突出功能优化，注重内涵式发展，着力打造生态优美，宜居宜业的美丽新城南。

大兆街道独处长安一隅，千年丝路文化在这里汇集，如画山水美景悄然提升人气，民生改善成为市民幸福话题，城市飞速发展让来客叫好称奇。大兆之美，美在生态，美在文化，美在和谐。在这里，自然美景与历史文化交相辉映，传统文化与现代文明精彩互动，重点项目与特色产业相得益彰，逐步形成了独特的区位优势、生态优势和后发优势。

抢抓机遇，只争朝夕。从曲江新区、航天新城的辐射聚集、近水楼台到实施创新驱动核心战略；从着力发展优美小镇到农业供给侧改革；从毗邻引镇物流园到拥抱"互联网+"；从绿色共享向生态要效益到布下城市发展新棋局……近年来，紧紧围绕中央和省市区的部署，围绕"四个全面"战略布局，坚持五大发展理念引领，大兆经济社会发展呈现出新的景象，向上突围的能量不断积蓄。

如今，城市的加速发展，使长安这座年轻城区处处彰显着勃勃生机；隆隆的机鸣，让这座魅力新城时时充满着无限活力。长安大地上正在演奏出一曲科学发展、和谐发展、率先发展的新乐章。

处在少陵原腹地的大兆，科学发展故事牵动着人心。"十三五"，如何抓住历史性发展机遇，在西安建设国际化大都市进程中承担使命、奋勇争先，大兆人又有了新的思考。

战略机遇的不断叠加，区域使命的寄予厚望，打开城市发展的新窗口……大兆与大西安交汇的时空维度里，新的征程即将开启。如何奔向未来、拥抱时代，令人期待。

特色小镇

西安曲江国家级文化产业示范区一隅

开放理念 大兆的朋友圈

44平方千米的土地浓缩到方寸之间,大兆的独特魅力一目了然:从地图上看,长安区大兆街道办事处,位于西安市东南15千米处,与大雁塔直线距离11千米,处在历史上著名的少陵原地区。大兆街道是长安区优先发展重点街道之一,北接曲江新区,西接西安国家民用航天产业基地,南接引镇物流园区,东接浐灞生态区。

独特的区位优势为大兆带来了难得的发展机遇。

产城融合,大幕拉开……

创新区域运行模式。大兆大胆冲破传统思维定势,致力加速与西安航天基地、曲江新区合作共建、融合发展,借力推进电子、新材料等优势产业腾飞,不断提升产业层次

西安国家民用航天基地二期建设

和产业集中度，加快从规模数量的外延型发展向质量效益的内涵式发展转型。以电子信息、民用航天为主的新兴产业集群快速壮大，促使大兆释放出巨大的发展能量，走出一条另辟蹊径、具有文化特色的新路。

大兆，是一片承载希望、成就梦想的热土；是一片挥洒激情、孕育辉煌的热土；是一片产业集群、企业集聚的热土。在大兆的未来规划中，借力航天基地发展将成为重要一笔。依托航天基地二期建设，向城镇化迈进的步伐越走越稳。

如今，驱车进入大兆街道，沿着雁引公路行驶便会发现，这里重点项目已陆续启动，却看不到污染的扬尘，听不到刺耳的噪音。把视野扩大到整个大兆街道，改变正在发生，未来随着航天六院、26基地、地铁四号线等项目的相继建成，多层次开放发展的新格局

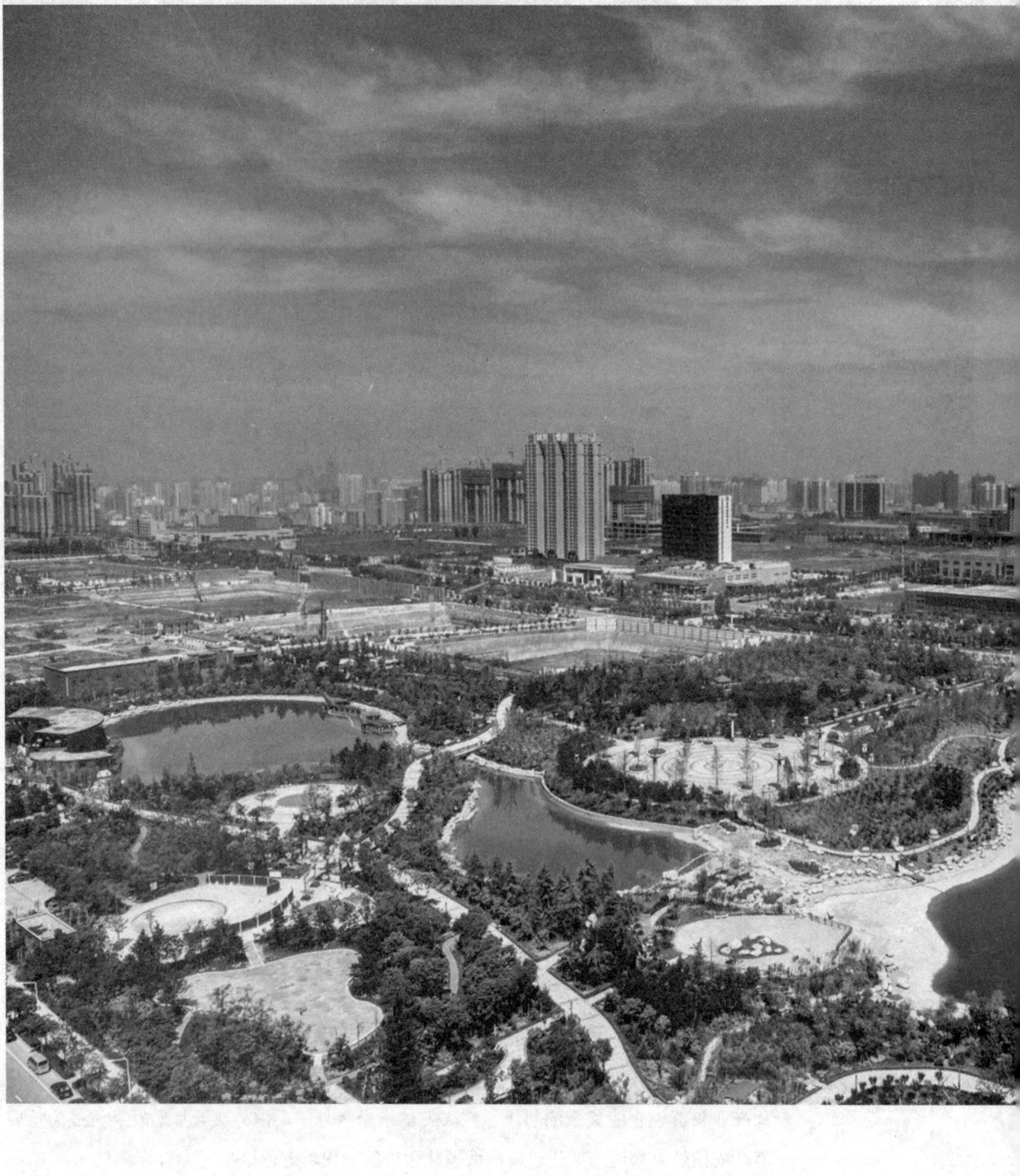

正在形成。

　　加入西安航天、曲江、浐灞区域合作机制，融入整个西安经济圈，意味着大兆街道走上了更广阔的经济舞台，必将为今后的发展注入更大的活力。大兆街道一班人牢固树立"依托航天发展，打造大兆新城"的发展理念，全力支持航天项目建设，切实抓好服务协调工作，一方面重点做好征地拆迁、附着物赔付、迁坟以及企业搬迁等工作，确保群众的合法利益不受损失；另一方面重视被征地群众的社会保障，统筹做好群众安置房建设和就业培训工作，让群众共享发展红利。

　　具有争先发展意识和主动创新能力的大兆街道一班人清楚地认识到，只有找准率先科学发展的突破口，提前谋划，全面实施追赶战略，谋求区域跨越发展，才能在建设西安国际化大都市中有所新作为，做出新贡献。对此，按照"经济要发展，规划需先行"的发展思路，大兆街道科学制定未来五年规划，坚定不移地把依托航天二期建设，加快城市化进程步伐；加强与曲江的对接，打造高速发展区；大力发展园区经济，着力培育优势产业，强化干部整体素质作为创先争优的核心内容，积极转变经济发展方式。

鸟瞰中湖公园

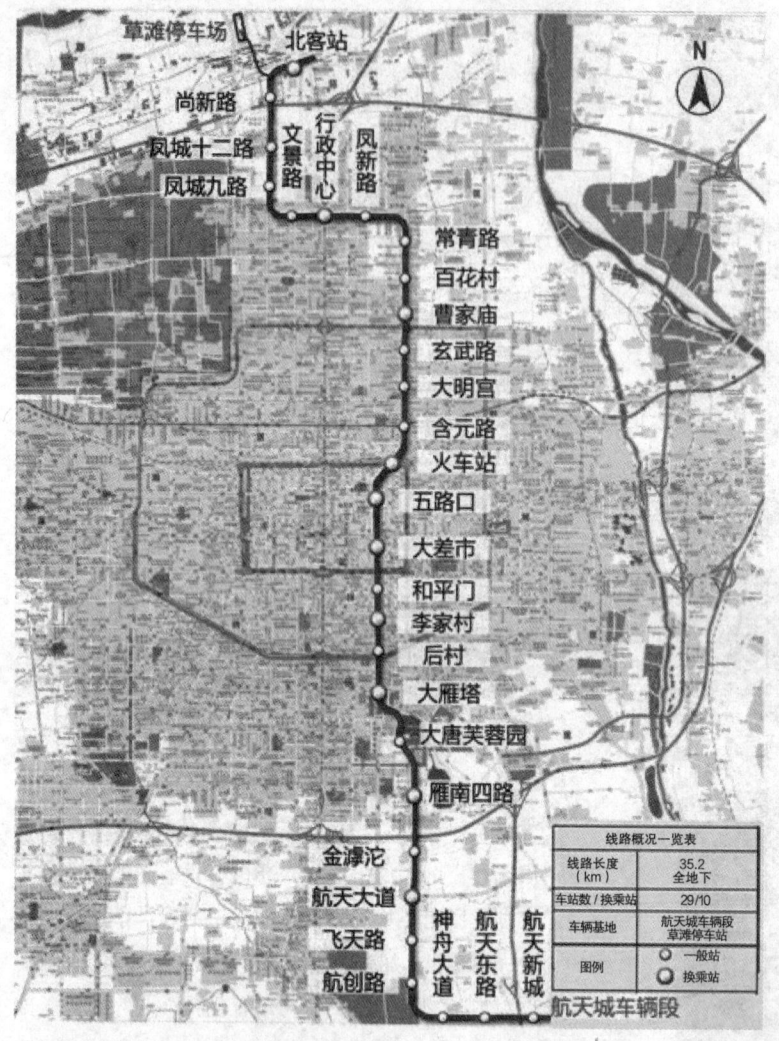

西安市地铁四号线工程平面示意图

共享理念　文化软实力背书

习近平总书记在陕视察时强调:"黄帝陵、兵马俑、延安宝塔、秦岭、华山等,是中华文明、中国革命、中华地理的精神标识和自然标识。新形势下,要发掘和用好丰富的文化资源,大力推进文化建设。"

按照习近平总书记要求,陕西省委充分发挥历史悠久的文化优势,在守望历史文化中溯源、寻根、铸魂,创新历史文化遗产保护理念模式。坚持"四个结合",做好大遗址保护工作,形成了以秦始皇陵遗址公园、汉阳陵遗址公园为代表的"国家公园模式";以大明宫遗址公园为代表的"集

第三篇 未来大兆

优美的生态环境

团运作模式"；以延平门遗址公园、曲江遗址公园为代表的"市民公园模式"；以大唐西市遗址博物馆为代表的"民营资本投资模式"；以汉杜陵遗址公园为代表的"退耕还林模式"等五种不同类型的大遗址保护模式。

其中，杜陵位于西安市曲江新区和长安区交界处，为西汉第七位皇帝宣帝刘询的陵墓，是西安地区众多帝王陵墓中非常重要的一座大型汉代帝王陵墓，也是西安大遗址保护片区中汉代遗址的重要代表之一。汉杜陵遗址公园就是大兆加强与曲江新区对接进行大遗址保护模式的有益探索。

在《曲江新区"十三五"追赶超越实施纲要》中明确提出，将"汉苑"工程——杜陵万亩生态遗址公园建设作为八大重点工程之一，依托杜陵遗址保护区的文化、生态资源，按照遗址保护和利用相结合的原则，全面启动杜陵生态遗址公园建设，形成集文化观览、博物展示、大众体育、生态休闲于一体的绿色空间。将杜陵区域打造成为公众参与文体活动和休闲娱乐的新目的地，不断提升城市空间品质，扮靓曲江"东大门"，勇做全市经济发展"十三五"追赶超越主力军，为全市"追赶超越"发展增添新动能。

不难想象，大兆将与之形成"共振"效应，以旅游观光休闲产业带动区域经济大发展，进而实现文化遗产的有效保护与传承，实现文物保护与经济发展的双赢，引领整个地区的文旅产业转型升级。

按照长安区委、区政府长远发展规划，围绕杜陵遗址保护性开发利用，大兆街道全力做好协调工作，加大与曲江新区的规划、建设和开发对接，加强社会管理方面的交流合作，借机造势，争取成功打造大兆城市化进程新的发展极。

田园风光

游人相伴踏青来

协调理念　优美小镇的大兆表达

梦想照进现实……

大兆人未来将看到一座山水如画、繁花似锦的优美小镇！

大兆街道将迎来一场新的蜕变、腾飞和跨越！特色小镇，其实非镇非区，并非行政区划单元，也不是产业园区，而是相对独立于市区，有明确产业定位、文化内涵、旅游特色和一定社区功能的发展空间平台。

在"十三五"规划中，长安区将以追赶超越、转型发展为主线，全力实施"产业强区、统筹城乡、创新驱动、民生优先、生态立区、改革开放"六大战略，不断提升区域综合实力，激发经济发展活力，全面推动城乡协调发展，实施绿色低碳发展，共享和谐发展成果，提高社会治理能力。

蓝图已经绘就："十三五"期间，构建"一心五城八极"新型城镇体系，即以长安区主城区为中心，以常宁新城、长安新城、三大合作共建区为重点，实现产城融合发展。以滦镇、五台、大兆等为支撑，辐射带动全区新型城镇化。进一步提升城乡基础设施承载力和辐射力，构建安全、高效、智慧、绿色的现代基础设施体系。重点加强城乡精细化管理，集中推进特色重镇、新型农村社区、片区化中心社区、美丽宜居乡村建设等，"十三五"期间完成30个美丽乡村建设，全区城镇化率达到62.3%以上。

大兆优美小镇的规划设计，正是基于此。

在促进区域城乡协调发展的大背景中，大兆街道将以统筹协调发展为抓手，继续高起点高标准建设西安后花园。其依托大兆东靠浐河，发挥西安后花园景观和浐河资源丰富的优势，紧扣河滨、产业、活力三大主题，营造有浓郁田园特色的城市休闲带。未来，优美小镇将创新采用"活态更新"的概念，在小镇自然生长的基础上，进行一定的介入式改造，使之发展为更好的城市状态。将依托浐河生态岸线的综合价值，强化区域生态廊道，注入具有大兆文化基因，营造鲜活的城市街道，并建立都市人回归自然的联系，激发更广泛的休闲生活。

毋庸置疑，特色小镇将成为大兆产业发展、人文底蕴和生态禀赋相互交融的综合平台。未来五年，大兆街道将瞄准新型城镇化的主战场，为实现"经济强，百姓富，生态美，环境优"， 凸显人文历史特色，强化生态环境保护，坚持城乡统筹发展，增强发展内生动力，不断推进新型城镇化建设，努力为建设国际化大都市新型城区多做贡献。

大兆街道将继续抓好农业供给侧结构性改革，加强农民创业园、农业科技园建设，推动农业标准化、产业化、品牌化，支持"互联网+"农业，促进农业与第二、第三产业的融合发展。与此同时，提升农村社会保障和公共服务水平，推动优质公共服务资源向基层倾斜，不断增强人民群众的获得感和幸福感。

创新发展的背后，是现代农业的崛起，昔日"靠天收"的传统农业模式已成为老百姓茶余饭后的老故事。如今，现代农业的蓬勃发展让大兆的农民钱包鼓了、腰杆挺了、生活的幸福指数更高了。

改善民生既是发展的目的，也是发展的动力，更是推动经济发展方式转变的重大举措。大兆街道紧紧围绕教育、医疗、卫生、就业、社会保障等多个关乎群众切身利益的问题，大力实施民生幸福工程，努力提升城乡居民生活质量，最大限度地让群众共享经济发展成果。

新型农村社区伴随着统筹城乡发展、构建和谐社会应运而生，是城乡经济社会发展到一定阶段的必然要求。大兆街道将充分发挥新型城镇化的引领作用、新型工业化的主导作用、新型农村社区的基础作用，科学制定发展规划，做好空间形态编制，节约利用土地资源，加快谋划富民产业，努力走出一条居住方式与产业发展相协调，基础设施和公共服务相配套的新型农村新路子。

实施生态文明和城乡统筹带动战略，勇做全区城镇化追赶超越主力军。以统筹实施"物的城镇化"，努力实现"人的城镇化"为思路，打造一批具有特色的美丽乡村示范基地，全面建设宜居、宜业、宜游的美丽乡村。在大兆，以生态旅游及生活服务配套产业为导向，通过发展休闲观光农业、养老产业、医疗健康产业等新型农业示范产业，形成产村融合、景村融合发展的城乡统筹发展示范区。

长安区"共建共赢"战略的提出，把大兆街道推到了前沿。打造对接航天基地，是"发展理念的对接、发展规划的对接、基础设施的对接、三次产业的对接、体制机制的对接"。尽管路途漫长，但大兆街道一班人勠力同心，矢志不渝，将用一个个"对接"打造成"桥头堡"上的一道道风景。

具有特色的农家乐 　　　　　　　　　　田园风光点缀生活

乡村环境舒适宜居

创新理念　借力合作谋长远

"互联网+"是这个时代的主旋律，而物流毫无疑问成为互联网的重要一环。

响箭离弦，穿越万年漫漫时光。"一带一路"从西安开始，打开了中国和世界共同成长的广阔空间，大西安引镇物流园加紧建设……浐河之滨，奋发的大兆人，正凝心聚力，书写着"创新发展"的新篇章。

对于大兆而言，"南进"对接引镇现代物流园成为其提高城市竞争力创新发展的新动能。紧邻火车南站，开放发展。地处丝绸之路经济带，大兆地缘、商缘、人缘优势明显，通过找准自身在国家开放大局中的定位，积极参与"一带一路"建设，将形成新的开放格局，形成丝绸之路经济带上重要的货运集散地。

长安引镇仓储物流中心是经省政府批准开发建设的全省四家商贸物流园区之一，也

未来大兆充满希望

是西安城南唯一的物流产业基地。

《西安市人民政府关于印发西安市商业网点发展规划的通知》中把引镇仓储物流中心定位为："引镇位于我市东南方向，属于我省小城镇综合改革试点镇，该地区电力供应充沛，土地资源丰富，淡水充足，通讯发达，并且已有多家大型仓储物流企业和交易市场进驻经营，引镇火车站已被铁路部门确定为西安南郊的综合货运中心，成为全国南北物资运输主要道路上的一个重要枢纽。引镇仓储物流中心规划用地6平方千米。它的建成将成为我市南北物流的重要节点。"

毋庸置疑，大兆街道更是近水楼台。

根据规划，引镇仓储物流中心将依托西安南站为主体的新城区，集中发展石油化工储备、机械建材、中药材等三大功能区，同时规划了农副产品加工业小区、地方名优产品工业小区和西安市外迁企业小区。大兆街道将紧紧抓住引镇—大兆仓储物流中心的重要机遇，以发展特色产业为依托，加大招商引资力度，不断改善人居环境，带领干部群众开拓创新、真抓实干，为建设经济强街而奋进。

借力互联网创新发展是大兆的优势所在，也是未来的努力方向。通过把创新摆在发展全局的核心位置，加快大兆与引镇物流园相关产业的融合，培育创新主体，在开放中集聚和整合大的资源，大兆可以借力加速形成以创新为主要引领的发展模式，全力打造长安又一创新高地。

深化与西安航天基地合作，加强与引镇现代物流园对接，进而倒逼经济发展方式转变和经济结构调整。大兆街道一班人正在以超常的思维，超常的举措，超常的干劲，超常的业绩，为实现长安新的跨越培土奠基。

"创新必须置于开放的环境中才能更好地实现，而更高水平的创新将进一步推动形成更高水平的开放。"大兆街道有条件在创新和开放的联动发展上先行一步。

浐河流域鱼塘相连

生态环境更加宜人

绿色理念　引领建设生态长廊

  自古以来，人类的文明与水共存。人类依托河流、湖泊、溪流发展起富有"水与绿"的城市。大兆，以其古城至美的浐河，温润的气候，秀美的原川，宜居的环境，一直成为众多文人雅士的流连之地。

  良好的水环境是建设生态城镇、宜居大兆的题中之意。党的十八大提出了建设生态文明和美丽中国的目标，大兆街道在推进生态文明建设过程中，坚持把水环境治理作为当务之急，把"五水共治"作为为民办实事的重点工程，投入了大量的资金，打出了一套"组合拳"，对浐河酒铺段进行综合治理，局部区域的生态环境明显改善，"知水、亲水、敬水、爱水"的良好氛围正在日益形成。

  "望得见山，看得见水，记得住乡愁"。无论是山，是水，还是乡愁，都与美好的环境紧紧地扣在一起。大兆的美，是遍地绿色之美、是发展品质之美，是多元人文之美，是地域特色之美，更是社会和谐之美。

不久的将来，生态大兆入画来。

按照省委常委、市委书记王永康提出的长安区要做西安区县和开发区中的"绿富美"的新目标，未来五年，大兆街道以全面提升生态环境质量为目标，以创建生态文明街道为主线，全力推进污染减排、蓝天行动、增绿净水、治脏治乱等重点工作，为率先基本实现现代化奠定良好的生态环境基础。

大力发展生态城镇。充分发挥人文、旅游、农业等资源优势，加快产业转型，延长产业链条，着力打造设施完善、功能齐全、业态鲜明的特色小镇。要坚持把环境综合整治和基础设施建设作为重点，以浐河大兆段综合治理为核心，构建富有灵气的大水生态，从源头上不断改善辖区人居环境。

创新产业发展模式。始终把产业发展摆在美丽乡村建设的突出位置，将资源优势转化为产业优势，大力发展乡村生态旅行工程，强力推进无公害有机基地建设，全力打造现代农业观光园区，着力实现由贫到富、由富到强的美丽蝶变。

推进美丽乡村建设。要画好一张图，即画好美化、大化、实用的美丽乡村规划图；建好一个中心，即农村社区服务中心；发展好一个产业，即特色现代产业；保护好一方山水，即杜绝大拆大建，将"望得见山、看得见水、记得住乡愁"的理念贯穿于建设始终；要建好一个平台，即村级美丽乡村建设发展平台，实现自我造血的良性发展。

如今，"十三五"新篇章正徐徐翻开，大兆发展的风帆也再次扬起。瞄准五大发展理念，按照长安区整体工作部署，紧贴"经济强、百姓富、生态美、环境优"的西安国际化大都市新型城区要求，围绕经济转型加快、群众生活提高、社会管理创新、发展环境更优、自身实力更强的目标，浐河之畔，大兆还将继续书写转型发展的辉煌篇章。

第三篇 未来大兆

花开新区

水景相依

诗韵大兆

第四篇

  大兆自古便是钟灵毓秀之地，千百年来，活跃在这片土地上的文人骚客们，用一首首平仄涌动的诗篇，将大兆丰厚的历史化作一阕清词低吟浅唱。细品那浩如烟海的卷卷诗词，才会发现少陵原上那些盘虬卧龙的古树、苍凉深沉的石碑、勤劳朴实的人民美得不可方物，让人未到而心已往。

  左图右史，萦萦于怀。吟一首李白的《杜陵绝句》，大兆辉煌灿烂的过往便历历在目，诵一篇朱鸿的《少陵原的文化遗产》，大兆新时期的宏伟蓝图便跃立心头，不管是"变"还是"不变"，从长安故国走到今天，大兆一直都令人惊叹！

古诗词篇

登少陵原望秦中诸川
太原王至德妙用有水术因用感叹
（唐）吕温

少陵最高处，旷望极秋空。君山喷清源，脉散秦川中。
荷锸自成雨，由来非鬼工。如何盛明代，委弃伤豳风。
泾灞徒络绎，漆沮虚会同。东流滔滔去，沃野飞秋蓬。
大禹平水土，吾人得其宗。发机回地势，运思与天通。
早欲献奇策，丰财叙西戎。岂知年三十，未识大明宫。
卷尔出岫云，追吾入冥鸿。无为学惊俗，狂醉哭途穷。

题少陵别墅
（唐）萧微

新构茅斋野涧东，松楸交影足悲风。
人间岁月如流水，何事频行此路中。

读少陵诗
（宋）陈棣

建安七子文，骚雅生赘疣。除苛起膏肓，公为第一流。
满朝竞飞翔，惟公独淹留。平生一严武，几成鞭虎头。
定知诗穷人，到骨未肯休。执友自青云，蹭蹬老沧洲。
破除世万家，曲生聊可谋。危言竟何补，软语只自羞。
成此一段奇，政坐多牢愁。收拾万丈光，千古射斗牛。
开卷想清标，凛如对霜秋。闭户味膏馥，妄言希骅骝。

送杜少府之任蜀州

（唐）王勃

城阙辅三秦，风烟望五津。
与君离别意，同是宦游人。
海内存知己，天涯若比邻。
无为在歧路，儿女共沾巾。

华严寺望樊川

（唐）子兰

万木叶初红，人家树色中。
疏钟摇雨脚，秋水浸云容。
雪碛回寒雁，村灯促夜舂。
旧山归未得，生计欲何从。

牛头寺

（唐）司空图

终南最佳处，禅诵出青霄。
群木澄幽寂，疏烟泛沉寥。

秋夜作

（唐）李昌符

数亩池塘近杜陵，秋天寂寞夜云凝。
芙蓉叶上三更雨，蟋蟀声中一点灯。
迹避险巇翻失路，心归闲淡不因僧。
既逢上国陈诗日，长守林泉亦未能。

秋晚日少陵原游山泉之什
（唐）杨发

喧浊侵肌性未沈，每来云外恣幽寻。
尘衣更喜秋泉洁，倦迹方依竹洞深。
暂过偶然应系分，有期终去但劳心。
唯怜一夜空山月，似许他年伴独吟。

南　园
（唐）赵嘏

雨过郊园绿尚微，落花惆怅满尘衣。
芳尊有酒无人共，日暮看山还独归。

三像寺酬元秘书
（唐）赵嘏

官总芸香阁署崇，可怜诗句落春风。
偶然侍坐水声里，还许醉吟松影中。
车马照来红树合，烟霞咏尽翠微空。
不因高寺闲回首，谁识飘飘一塞翁？

长安秋望
（唐）赵嘏

云雾凄清拂曙流，汉家宫阙动高秋。
残星几点雁横塞，长笛一声人倚楼。
紫艳半开篱菊静，红衣落尽渚莲愁。
鲈鱼正美不归去，空戴南冠学楚囚。

留别光洲王使君建
（唐）贾岛

杜陵千里外，期在末秋归。
既见林花落，须防木叶飞。
楚从何地尽，淮隔数峰微。
回首余霞尽，斜阳照客衣。

晦日游大理韦卿城南别业四声依次用各六韵·其二
（唐）王维

郊居杜陵下，永日同携手。仁里霭川阳，平原见峰首。
园庐鸣春鸠，林薄媚新柳。上卿始登席，故老前为寿。
临当游南陂，约略执杯酒。归欤绁微官，惆怅心自咎。

风凉原上作
（唐）王昌龄

阴岑宿云归，烟雾湿松柏。风凄日初晓，下岭望川泽。
远山无晦明，秋水千里白。佳气盘未央，圣人在凝碧。
关门阻天下，信是帝王宅。海内方晏然，庙堂有奇策。
时贞守全运，罢去游说客。予忝兰台人，幽寻免贻责。

夕霁杜陵登楼寄韦繇
（唐）李白

浮阳灭霁景，万物生秋容。登楼送远目，伏槛观群峰。
原野旷超缅，关河纷杂重。清晖映竹日，翠色明云松。
蹈海寄遐想，还山迷旧踪。徒然迫晚暮，未果谐心胸。
结桂空伫立，折麻恨莫从。思君达永夜，长乐闻疏钟。

杜陵绝句
（唐）李白

南登杜陵上，北望五陵间。
秋水明落日，流光灭远山。

题东溪公幽居
（唐）李白

杜陵贤人清且廉，东溪卜筑岁将淹。
宅近青山同谢朓，门垂碧柳似陶潜。
好鸟迎春歌后院，飞花送酒舞前檐。
客到但知留一醉，盘中只有水晶盐。

同薛司直诸公秋霁曲江俯见南山作
（唐）高适

南山郁初霁，曲江湛不流。若临瑶池前，想望昆仑丘。
回首见黛色，眇然波上秋。深沉俯峥嵘，清浅延阻修。
连潭万木影，插岸千岩幽。杳霭信难测，渊沦无暗投。
片云对渔父，独鸟随虚舟。我心寄青霞，世事惭白鸥。
得意在乘兴，忘怀非外求。良辰自多暇，欣与数子游。

宿蒲关东店 忆杜陵别业
（唐）岑参

关门锁归客，一夜梦还家。
月落河上晓，遥闻秦树鸦。
长安二月归正好，杜陵树边纯是花。

登乐游原怀古

(唐)豆卢回

缅惟汉宣帝,初谓皇曾孙。
虽在襁褓中,亦遭巫蛊冤。
至哉丙廷尉,感激义弥敦。
驰逐莲勺道,出入诸陵门。
一朝风云会,竟登天位尊。
握符升宝历,负扆御华轩。
赫奕文物备,葳蕤休瑞繁。
卒为中兴主,垂名于后昆。
雄图奄已谢,余址空复存。
昔为乐游苑,今为狐兔园。
朝见牧竖集,夕闻栖鸟喧。
萧条灞亭岸,寂寞杜陵原。
幂罾野烟起,苍茫岚气昏。
二曜屡回薄,四时更凉温。
天道尚如此,人理安可论。

送刘长上归城南别业

(唐)韩翃

数刻是归程,花间落照明。
春衣香不散,骏马汗犹轻。
南渡春流浅,西风片雨晴。
朝还会相就,饭尔五侯鲭。

九 日
（唐）韦应物

今朝把酒复惆怅，忆在杜陵田舍时。
明年九日知何处，世难还家未有期。

始夏南园思旧里
（唐）韦应物

夏首云物变，雨馀草木繁。
池荷初帖水，林花已扫园。
萦丛蝶尚乱，依阁鸟犹喧。
对此残芳月，忆在汉陵原。

假中对雨，呈县中僚友
（唐）韦应物

却足甘为笑，闲居梦杜陵。
残莺知夏浅，社雨报年登。
流麦非关忘，收书独不能。
自然忧旷职，缄此谢良朋。

题华严寺瑰公禅房
（唐）岑参

寺南几十峰，峰翠晴可掬。
朝从老僧饭，昨日崖口宿。
锡杖倚枯松，绳床映深竹。
东溪草堂路，来往行自熟。
生事在云山，谁能复羁束。

【散文集篇】

大兆，那醉心的湛蓝

张妮

秋高气爽，湛蓝的天穹下，丰腴的少陵原沐浴在午后的明媚和灿烂里。我们的无人机载着渐渐开阔的视野直上云霄，天眼顿开，巡游在少陵原的上空，喜悦着离地百米的美丽无常。

风中，轻轻飘荡着历史的絮语，杜牧诗醉司马村，柳宗元赋文少陵原，王维行车枫林晚，大汉帝国经久流传的宣帝和许后的爱的绝唱……汉的陵，明的九井十八寨，多少辉煌和荣耀湮灭在了历史的微尘里！

岁月流逝，斑斑史迹在我们俯瞰的、爱的视线里紧缩成散落的土疙瘩和星星点点的石雕的遗迹。家乡大兆街道是西安城的近郊，城外最广阔的郊外旷野。北望不远处拔地而起的林立高楼点燃着它城市化的欲望，航天城的现代、曲江的雍容华美滋养着它奋起的雄心！大兆街道是西安城的南门后院，如画的终南山可触可摸，独立原头，祥云飘荡。南北横穿而过的雁引路和东西向的韦鸣路、南横线顺畅交织，完成了现代少陵原宏阔的格局。

司马水库如一颗明珠，镶嵌在雁引路和南横线的交点上，与许皇后冢陵隔岸相望，一"山"一水，滋润着原上人的流年岁月。路是少陵原不息的脉搏，是大兆繁荣富足的生命线。从西安城伸出的轻奢雁引路承载着无数市民对长安绿色生态的向往，一路向南，直逼终南山下，入大峪，沿途的风景，更让人留恋：林中农家四季飘过少陵原千年的食香，自南而北，少陵人家、食府、司马农舍……演绎着少陵式古香、少陵式幽慢时光。瓜大姐大棚果蔬已成为大兆一个闪耀的点，一张绿色生态的名片享誉长安，享誉三秦大地，也引领着周边的乡亲踏上富裕路。

少陵原皇天厚土，丰裕的土地集中在大兆，麦子熟了，玉米长成了，成片的玉米地在秋的蔚蓝中静默无语，沉甸甸的果实期待着对勤劳的主人的报答。白色的塑料大棚睡了，闪亮的梦沉浸在一季少陵原草莓耀眼的红和甜美里。大棚外忙碌的农人，劳作不息，是勤劳致富乐章中跳动的最强音符！紫燕酱醋紧贴雁引路，工业化的制作，纯粮的原料，已使它成为大兆食品制造业的品牌。

所有村的记忆，村在林中，林的乡愁在少陵解脱，百米俯瞰下绿树成荫的村村庄庄，依旧是所有梦中的向往。新型农村社区是富裕路上百姓新的家园，现代文明时尚的生活方式在城市化的进程中不断渗入，浸润着从农民到市民的心田。教育是最大的民生工程，大兆的小学、幼儿园校舍是村落美丽的灯塔，区属第十一中学属于职业技术学校，是新职业农民、新市民、新产业工人的基地。

天眼巡视空中，大兆在不断成长，我们仿佛看到了，在区委、区政府的坚强领导下，大兆街道党工委办事处围绕中心，自强不息，带领着大兆人民开拓创新的场景；看到了他们因地制宜，以汉文化为内核，建起了融合着古老与现代，传统与时尚相容并济的新大汉不夜街。

少陵原的文化遗产

朱 鸿

少陵原上的自然村星罗棋布,也许蕉村在这里是最古老的,属于周代的杜伯国。2800余年里,蕉村一直谓之焦村,到民国才改为蕉村,理由是在此没有焦姓之人。

周宣王四十三年(公元前785年),有一天,他的妾女鸠热烈地向杜伯调情,遭拒遂恼,反诉其对她非礼,周宣王便拘捕了杜伯。左儒是杜伯的朋友,为之申义,然而周宣王一意孤行,杀了杜伯,也杀了左儒。左丘明对此事的记录是:"宣王囚杜伯于焦,士无罪而杀之。"

我是在少陵原上长大的,蕉村有我的祖业。经过土地改革、社会主义改造,父辈分立,我家庭院之广仍在七分有半。1958年,生产队砍掉了后院一棵国槐,为人民公社做了马车;1972年,父亲又伐倒前院的国槐做了一套家具。朱家巷子南北贯通,庙宇在民国时改为蕉村小学,是我家的西邻。世代所居,随日作息,夏收小麦,秋获谷子和玉米,虽不富裕,然而人足以赖之生存。树动为画,风响为乐,大享清冽和宁静。

为了图谋经济的发展,遂有西安国家级民用航天基地登临少陵原,蕉村要拆迁,它周围的十几个自然村都要拆迁。农民狂盖其楼,以争取多多赔偿。车进车出,尘起尘落,仿若烽火征战。

我非常熟悉少陵原,这里胜迹累累,遍地都是文化遗产。少陵原南畔自东至西,有兴教寺,唯识宗或法相宗之祖庭;有兴国寺,有华严寺,华严宗的祖庭,耸立着杜顺塔和澄观塔,仰观其檐,铃响于空,妙若天音;有牛头寺,因为高僧一年四季总是以一个牛头为食而得名;此外,还有清凉寺。这一带香火之旺,昔传递今,今化于昔。尤其是兴教寺,由于以葬玄奘及其弟子窥基和圆测之灵骨,高僧辈出,信众崇敬,并为士与权贵共同向往。1923年康有为经吴佩孚引荐,受陕西省省长刘镇华邀请在西安巡视。康对佛学素有研究，便赴兴教寺一拜，并吟诗题额，如雁过留影。1937年，日本加速侵略中国，南京危机，国民政府打算以西安为陪都，遂派大员考察此城。当时有人还想以佛法拯救灵魂，便捐资修葺兴教寺，贡献善款的不但有朱子桥、程潜、阎锡山、白崇禧、马鸿逵、李宗仁、卫立煌、戴季陶、傅作义、熊式辉，而且还有蒋介石。蒋介石焦头烂额之间，竟还抽暇往兴教寺一瞻。1953年印度总理尼赫鲁有拜谒兴教寺之意，当地领导便把于斯读书的韦村小学的孩子们动员起来，让其列队欢迎，又匆匆油漆了大雄宝殿和藏经楼，由此也渐渐恢复了这一弘扬佛法的神圣之境。今之佛教徒，有普通男女，也有高官巨商。在大年初一，每每竞奔兴教寺，争插第一香，争叩第一首，以盼保佑自己官场或商场之角色。站在兴教寺门口，俯察樊川，远望终南山，水光返照，岭色苍郁，白杨夹于道，庄稼茂于田，无人不感慨万千，赞而叹之。

转身北向，土地平旷，渐为倾斜，大约20千米慢坡大势所趋，直抵曲江池。曲江池秦既有之，汉凿而扩张，不过在唐为盛，士子进士及第以后，要在这里娱乐游玩。一旦皇帝高兴，也会游于斯，宴于斯。三月三日，上巳节，贵妇人长裙广袖散步曲江池周边，修禊事也，以祓除不祥。到唐玄宗执政，曲江池一带繁华至极，臻于至美，遗憾安史之乱致其破败，一衰而千年湮没。1992年，我看到的曲江池已经完全干涸，农民在此有耕有牧。不过，西安人自有改天换地的能力，现在的曲江池细浪成绉，润气弥空，更有白石跨波，绿树绕岸，一派汉风唐韵所化的粲然气象，为四海朋友所悦。曲江池之水，初是自出，为汉武泉，然而至唐自干，便从终南山引义谷之水，上少陵原，修黄渠，过鲍陂，蜿蜒注入曲江池。顿然水阔，便聚为芙蓉园。今之芙蓉园和曲江池，泱泱为泽，都是黑河的水了。

少陵原立于浐河和潏河之间，呈东南—西北向。日月所照，雄浑高大，帝王将相和皇后妃嫔素以入此厚土为望。在它的腹地，满是坟冢。2005年考古人员发现东杨万坡村一带有周人429座墓，出土陶石铜玉，并有灰坑和殉马坑；秦葬皇子在少陵原西畔，遂有皇子陂村；汉宣帝杜陵在三兆村一带，其许皇后陵在司马村附近；唐玄宗所爱的武惠妃敬陵在庞留村；夏殿村一带有唐韦氏家族群茔；司马村一带是晋唐之间杜氏家族群茔；鲍陂村一带有唐颜氏家族群茔；蕉村一带有唐吏部尚书萧灌之墓，史记碑为张说撰文，唐玄宗篆额，可惜我觅而不得，大概已经遭盗了。虽然明代先后以南京和北京为国都，太子居之，然而朱元璋对西安颇为重视，遂分封次子朱樉为秦王，守卫此疆域。明代共有秦王14位，除了最后一代秦王为李自成所灭，不知道埋于何处，其他13位秦王皆葬少陵原，坟冢拔地而起，神道两侧石刻对立。凡帝王多有亲臣宠妾，他们死了以后，也葬少陵原以陪其主。春天在少陵原踏青，夕阳之下，见残陵乱茔，断碣卧石，不禁会生出沧桑虚无之感。

少陵原最开阔最壮丽的要属其南畔。仰天拂云，俯川呼峦，居之占尽风水。汉丞相朱博故里便在这里，唐杜牧在此起别业，以登皋舒啸，临下吟诗。杜甫自谓杜陵布衣，少陵野老，于是明代就有贤者在这里筑杜公祠，数世纪以来，到此纪念杜甫的人不知道有多少。

少陵原之美

张云风

西安的山水是美丽的。少陵原作为西安山水的组成部分,也是美丽的。它的美丽,铸就了它的辉煌。风水宝地,英才辈出,在西安乃至中国的历史上,谱写了浓墨重彩的篇章。

少陵原之美,美在雄浑,美在大气。它南枕秦岭,东瞰浐河,西俯潏河,像一条蜿蜒的巨龙,盘曲向北,直抵西安。西安恰是龙尾的一颗璀璨明珠。少陵原古名鸿固原。"鸿"者,大也,盛也;"固"者,坚也,牢也。这正是其雄浑、大气的本义。少陵原地势高敞,黄土厚重,它和邻近的白鹿原、神禾原,绵亘成三道天险,历来是西安南沿的安全屏障。这一带曾是古战场,经历过刀光剑影的厮杀,见证过金戈铁马的争锋。规模最大的一次战争发生在唐肃宗至德二年(757年),名将郭子仪统帅 15 万兵马,设阵于香积寺,凭借沣河、潏河、神禾原、少陵原的天然形胜,进攻盘踞在长安的安史叛军。战斗至为惨烈,杀得天昏地暗,唐军共歼灭叛军 10 万余人,其中击毙 6 万,生擒 2 万,一举而收复了失陷一年多的长安城。

少陵原之美,美在凝重,美在苍凉。"芜秽而不修"的秦二世陵,使人想起嬴秦王朝的覆灭,想起贾谊的《过秦论》和司马相如的《哀秦二世赋》。高峻的杜陵和稍小的少陵,使人想起"巫蛊之祸",以及汉宣帝的儿时和许皇后的不幸(汉宣帝刚出生就被投进监狱,许皇后在宫廷斗争中被政敌和情敌毒死)。少陵原对于诗圣杜甫来说,既是祖宗家园,又是伤心之地。他是西晋杜预的第十四代孙,前来寻根问祖,穷愁潦倒,困居下杜(今长安杜曲),整整 10 年,"朝叩富儿门,暮随肥马尘。残杯与冷炙,到处潜悲辛。"他30多岁便自称"杜陵野老""少陵野老";"杜陵野老骨欲折""少陵野老吞声哭",沾血裹泪的诗句,饱含着多少屈辱和辛酸!白居易的《杜陵叟》是为"伤农夫之困"而作的,通过一位老人,愤怒控诉和谴责了敲骨吸髓的赋税制度:"剥我身上帛,夺我口中粟。虐人害物即豺狼,何必钩爪锯牙食人肉?"凝重和苍凉也是一种美,体现历史文化内涵的另一个层面,具有深刻的认识价值和警示意义。

少陵原之美,美在绚丽,美在浪漫。少陵原一名凤栖原。"凤栖"这一意象,美轮美奂,发人遐想。原上有个鸣犊镇,因鸣犊泉而得名。《类编长安志》载:"俗云:东泉一牛犊没于泉底,牛母悲鸣,其犊西泉而出,从号曰鸣犊泉。"瞧,多么富于想象力!唐代崔护《题都城南庄》一诗,最能反映少陵原的绚丽、浪漫之美。"都城南庄"为唐长安城南面的一个村庄,也就是在少陵原上。"去年今日此门中,人面桃花相映红。人面不知何处去,桃花依旧笑春风。"寻春遇艳,人面桃花,重寻不遇,桃花春风,一幅多么美艳的画面!有了这首诗,又有了《人面桃花》等戏曲,演绎出传奇的爱情故事,寄托了人们美好的情感。20世纪90年代,智慧的少陵原人,巧妙地利用历史人文资源,在原下建起桃花坞。那里小桥流水,茅舍柴扉,桃红柳绿,情趣无限,活脱脱一个时髦的"都城南庄"!

少陵原之美,美在明媚,美在旖旎。这在唐诗中有集中的反映。李白写了两首绝句,赞美少陵原的景色:"浮阳灭霁景,万物生秋容。登楼送远目,伏槛观群峰。"(《夕霁杜陵登楼寄韦繇》)"南登杜陵上,北望五陵间。秋水明落日,流光灭远山。"(《杜陵绝句》)吕温登上少陵原高处,所见是:"君山喷清源,脉散秦川中。"(《登少陵原望秦中诸川》)岑参出使边塞,想的是:"阳关万里梦,知处杜陵田。"(《过酒泉忆杜陵别墅》)还有杜牧,少陵原畔樊川人,作有《望故园赋》,专写家乡美景:"予之思归兮,走杜陵之西道。岩曲泉深,地平木老。陇云秦树,风高霜早,周台汉园,斜阳衰草。"至于诗人们吟咏樊川和曲江之美的诗篇,更是难以数计……

美哉,少陵原!少陵原的历史之美、古典之美,已经载入史册,成为宝贵的文化遗产。新时期的长安人,正以新的姿态、新的业绩,创造少陵原的现代之美、未来之美。少陵原上下,宽广的公路四通八达,雄伟的建筑鳞次栉比,生态环境一天比一天好,知名学府、知名企业纷纷前来落户,新诞生的一批文化、旅游景点,表现出了大气魄和大手笔。可以设想,汉宣帝和许皇后若地下有知的话,沉睡醒来时,当惊世界殊!

少陵原赋

邢峰锋

拥浐水之微澜，溪翁闲钓；抱滈河之清浪，鸳鹭嬉鳞。望终南之龙脉，博怀广济；植黄土之沃膏，厚重深沉。东南西北，楔形高亢而广阔；西北东南，梯状陡坎而相拥。鸿固原之画境，少陵原之别谓；凤栖原之诗意，杜陵原之雅称。揣豪放之气，怀绵长之心，仡立于十三帝都之南，历经风霜雨雪，而雄苍肃然长存。

胜日之游，庚寅之春，一粟微尘，寻幽索微，晨风拂煦，独步少陵。踏阡陌之俊美，览庄田之静谧，仰先祖之儒雅，似觉牧野之飘逸；沐清气之柔和，闻稻菽之暗香，赏原景之灵秀，沉醉仙界之清醇。桃梨之园，妖艳妩媚，黄鹂展喉而吟唱；杨柳之岸，婉约缠绵，涓溪穿石而弹琴。踏禾露，田叟吆牛，秦声吼天，畅胸释臆；攀翠枝，村姑采味，轻歌萦耳，坦怀纵情。青瓦朱甍，香拥葱抱，幽邃闲寂，祥和穆清。科苑黉宫，热土炽烈，生气焕发，勃兴昌隆。情怡趣雅，可田畦"偷菜"；敲韵拾兴，可园囿采红。灌蔬艺竹，乘骥驭龙，闲适散懒，勃发扬奋；相依相傍，相安相融。

访名刹，千年星罗释门法事，香火萦绕，听佛寺梵经。寻胜迹，百世棋布汉冢唐塔，忆先朝事，枕烟雨长梦。华严寺，风递铃铛，浮思异想；牛头寺，禅诵之音，弥空飞云；兴国寺，沧桑之变，古柏佐证；兴教寺，一代佛圣，玄奘高僧。万年流光，几多典故；寸土桑田，几卷趣闻。望晴日之堆冢，悲宫闱之夺爱；听原风之倾诉，耻阋墙之权争。杜陵汉宣帝，民间之君，叹君之无奈；少陵许平君，良家之女，伤后之不幸。无辜加于君，天道似有意；无罪加于臣，天理居何心。生当长守，君后难以共枕；殁却玉成，君臣可安陵寝。

中华文明，古老璀璨；盛唐文化，极致巅峰。风雅颂，空前发皇；儒道释，兼蓄并容。唐诗五万，涌海涵地负之才思，拔琼海制鲸之笔力；诗家两千，承往来天地之独行，弘壮浪纵恣之精神。弃齐梁之浮华，开宗立派；扬汉魏之风骨，复古变新。少陵原上，风情万种；一代诗圣，十年居耕。诗之所抒，情之独钟，千四杜诗，百首于斯；即事名篇，无复依傍，炫博宏远，开启法门。或谓之野客布衣，或谓之远客野老；或冠之杜陵，或冠以少陵。名噪当时，彰显后昆。访杜公祠，读少陵集。安社稷，济苍生。"三吏""三别"，抒胸中之郁积，悯黎庶之苦；"丽人行""兵车行"，愤圣朝之昏暗，伤国事之沉沦。"致君尧舜上，再使风俗淳"，"向来忧国泪，寂寞洒衣巾"。字字剔透真切，句句晶莹赤诚。呜呼，吾仰少陵野老，穷达兼善；吾敬杜陵布衣，苦身利人。

美哉！游少陵原，阅沧桑老者，持重睿智；游杜陵原，读英姿少年，风华青春。一日苍原，质朴娟丽，春情梳妆，空寂无尘。万顷田光，绢本挂轴，庄舍青葱，垄亩垂荫。闻炊香馥郁，听梵钟穿林；看牛羊归栏，赏锦霞黄昏。溯古追怀，恫瘰在抱；抚今坦陈，永期昌明。吾依少陵，乐而忘返；吾恋杜陵，迷而沉浸。邀八方之宾朋，聚六合之懿亲，酬酢长安陈酿，举樽畅饮共斟。

第四篇 诗韵大兆

杜陵泪眼望少陵

王巨川

在西安南郊有一座土原，汉代旧名为鸿固原，之后或因杜陵和少陵平地造陵的地标关系，至今被称为杜陵原、少陵原。

杜陵原现在似乎没有东面一河相隔的白鹿原有名，但早从盛唐时就因为大诗人杜甫自命少陵野老而名扬千古。其实，在人们因为诗歌与小说传播而知晓的历史长河中，帝王家的故事或许更接近生活的真实。杜陵和少陵南北相望的十里空间，就有一个流传了两千多年的真实爱情故事。

葬于杜陵的汉宣帝刘询是西汉的第十位皇帝，是汉朝四大知名君主之一，是真正开拓丝绸之路的执行皇帝，一生政绩卓著。其他三人为汉高祖刘邦，汉文帝刘恒，汉武帝刘彻。

汉武帝时期戾太子刘据因"巫蛊之祸"被杀，牵连到包括自己曾孙汉宣帝刘询在内的众多家人。"巫蛊之祸"时还在襁褓中的刘询被下狱，是汉代唯一在继位前坐过监牢的皇帝。

汉武帝晚年对"巫蛊之祸"进行了平反，刘询的身份也得到了承认，交由"掖庭"抚养。在此期间他未来的岳丈许广汉因搜捕不力犯罪被判刑，被送到掖庭听差，恰好与他同屋，刘询与许广汉之女的婚事便是在同为难友时说定的姻缘。许广汉当初决定将女儿嫁给刘询时，其实并没想到女儿许平君日后能成为皇后，而是无意间持有了一只潜力股。

汉宣帝与许皇后的爱情故事可谓跌宕起伏。据史书记载，嫁与刘询前，许家曾因刘询在狱而将她许配给别人，但正拟出嫁时，男方却去世了，这才有了后面嫁与刘询一事。用今天的话说，谁是谁的菜，上天有安排。

据《汉书》记载，刘询继位后，公元前72年，霍光的夫人想让她的小女儿成为皇后。但刘询不忘牢狱之约，提出要寻找自己落难时的一只宝剑，终将糟糠之妻立为皇后，却也给许皇后埋下了被暗算的隐患。许平君怀孕后，霍光的夫人命令给许皇后看病的女医在皇后分娩时加以毒害。许平君生下后来的汉元帝，女医设计让皇后饮服了毒药，皇后不多久便头昏脑涨得厉害，很快就死了，年仅19岁。

当时的汉宣帝悲痛万分，却因为才继位不久，只能对此事隐忍不发，立霍光之女为皇后。直到霍光去世后，刘询为给许皇后报仇，一举诛灭霍氏家族，将霍皇后也贬为位份很低的嫔妃，被贬后的霍皇后死后甚至连陪葬杜陵的资格都没有。许平君这位英年早逝的皇后，短暂的一生也算受尽宠爱。

如今的杜陵原上，夫君刘询寝陵在北，既可北望帝都，又能回顾南望结发之妻的少陵。少陵在杜陵南6.5千米处，皇后许平君既可北望丈夫，又能回望终南。

谁说是帝王之家无温情，君不见杜陵泪眼望少陵。从来就没有神仙和救世主，皇帝也有自己的爱恨情仇。以平民视角关注人的生存，应该是不可或缺的唯物史观。

感悟少陵

樊号民

我是吃终南山的粮,喝库峪河的水长大的,成年后始终对缺乏泥土气息的城市生活略感不适,时而寄情书画,取笔名"浩之",意在平实博大,忠厚自然。2008年春夏之交,一日晚,忽梦一白发鹤颜老者,高声唱曰:"兆,亿上也,大兆,博也,意包容,浩之。"遂惊醒,思半响,不知所云。不日,因工作需要,我被组织安排到大兆街办担任副主任,一种宿命感油然而生。也许是心理作用,刚到大兆,我就觉得同事、群众都似曾相识,这种感觉,使我很快融入了这个地方。我分管的工作中有文化和文物,几年下来,我对这方厚厚的黄土地少了好奇和新鲜,多了越来越深的感情,它所蕴涵的历史文化,让我心驰神往。几年来,这厚重的文化和泥土气息,已经通过空气,吸入我的肺,通过饮水,流入我的胃,在我的身体里扎起根来,通过我流淌的血液,影响着我每一处神经。我知道,我已离不开这片土地了。

少陵是西汉第十代皇帝汉宣帝刘询的平民皇后许平君的陵墓,位于汉宣帝陵墓杜陵南6.5千米处,今大兆街道大兆村以南,司马村以北,雁引路旁,为杜陵同茔异穴合葬墓,史称"杜陵南园",比杜陵小,俗称小陵,古代"少"、"小"通假,又称"少陵",现存封土约二十米高,为履斗形,分为三层,本地人又称"台台冢"或"三台冢"。

少陵原即以此得名,指少陵和杜陵之间的土原。少陵原位于西安古城南浐河、滈河之间。《通鉴》中载道:"少陵原乃樊川北原,自司马村起到塔坡而尽。"少陵原呈东南—西北走向,大部分位于今长安区大兆街道境内,还包括长安区引镇、鸣犊、杜曲、韦曲街道部分地区和雁塔区曲江、等驾坡街道部分地区。少陵原秦汉时称鸿固原，又名洪固原。西汉本始年间汉宣帝葬许皇后于原上，命其陵园为少陵，称该原为少陵原。汉宣帝元康年间造杜陵，又命该原杜陵原，汉宣帝神爵年间有凤凰栖息于原首，名为凤栖原。神爵三年汉宣帝于原上起乐游苑，又称乐游原。长期以来六名并存，人们大多以少陵原称之。

许平君是汉宣帝刘询的皇后、汉元帝刘奭的母亲，汉宣帝本始元年（公元前73年）被立为帝后，谨小慎微，起居有度，服饰节俭，讲究立法。每五日一朝皇太后于长乐宫，躬亲侍奉，端食于案，以尽孝道。后被大司马霍光之女嫉妒，伙同医官淳于衍对其投毒。葬于杜陵南园，谥号恭哀皇后。

少陵原的历史可上溯至西周初期，周武王封其弟鲍伯于原上古鲍国，其故址为今西安市长安区大兆街道三益村，秦时称该处为鲍里。秦都东迁咸阳后建宜春院（苑）于原上。汉建都长安后在秦宜春苑基础上扩建上林苑，皇帝诸大臣游猎于原上。汉武帝时大司马霍光居于原上以官职命名其村——司马村，故址在今长安区大兆街道司马村。汉宣帝祖母史良娣的娘家居于尚冠里，故址在今长安区大兆乡东曹村一带。汉宣帝元康元年（公元前65年）起寿陵于原上称杜陵。汉宣帝朝千古贤相丙吉卒后，葬于少陵原上今东曹村东北。汉宣帝杜陵周围有王皇后陵及陪葬墓不可尽数。人文荟萃的少陵原，古迹文物星罗棋布，历史文化沧桑厚重。

夏日的傍晚，我登上被当地群众称为"台台冢"的少陵，一个人静静地坐在冢上，看夕阳染红远方的天空，体验那余晖的惨烈，感受这古原的沧桑。恍恍然，竟不知自己是谁了。我相信精神是可以永存的，它也是物质的，只是在异度空间中存在着，虽经历千百年的时空，可它依旧顽强地发射着它的讯息。这一刻，我分明感受到了它的存在，我看到了宣帝刘询纯朴的神情，看到了许平君那凄美的笑容。

说到少陵和少陵原，不得不说一说刘病已，这位西汉第十位皇帝，被史学家称为"宣帝中兴"的汉宣帝刘询。宣帝是中国历史上唯一一位即位前受过牢狱之苦的皇帝。由于刘询幼年遭遇变故，长期生活在民间，因此对百姓的疾苦和吏治得失有所了解。我喜欢刘询，喜欢他整顿吏治，喜欢他为政宽简，喜欢他任用贤能，喜欢他赫赫武功，但更让我感动的是他的坚忍和至情至性。

终霍光之一生，刘询对他都是言听计从，就只有一件事例外，这就是立皇后。当时众公卿都认为霍光之女是最佳的皇后人选，甚至于集体上书。这时候，刘询却下了一道莫名其妙的诏书——我在贫微之时曾经有一把旧剑，现在我十分地想念它啊，众位爱卿能否为我将其找回来。群臣揣摩上意,开始一个个请立许平君为皇后。故剑情深的浪漫典故从此开始流传,这是中国历史上一道最浪漫的诏书,一道王子对贫女的许诺。在刘询落难时,许平君对刘询不离不弃,当上皇后之后,细心打理后宫,刘询和她有着真挚而深厚的感情。许平君被毒害后,刘询坚忍不发,直到霍光去世后,他才立与许平君在民间所生的刘奭为太子。霍家发动政变未遂,招致族灭,皇后霍成君被废自杀,刘询终于为发妻报仇。这种情怀,正是少陵文化的精髓,正是少陵原千百年积淀的体现。

遥想宣帝当年,深知民间疾苦,大力整饬吏治,建立官吏考核与奖惩制度,重举惩治贪腐,奉行为政宽简,抑制土地兼并,减轻农民负担。对内煌煌文治,对外赫赫武功,大破西羌,囊括西域,平定北藩,奠定了汉强匈弱的大格局,以致匈奴呼韩邪单于亲往长安,俯首称臣。

宣帝后,少陵原历经沧桑,始终是中国历史发展的见证者。

唐王朝历经贞观之治、开元盛世,经济繁荣,国力空前强大,陆续开发修建城南诸景,修复古上林苑及曲江池皇家御苑,馆塘楼阁,亭台池林,名冠当时,皇亲贵戚,达官贵人,吟咏游宴,举杯畅饮。少陵原上韦、杜两族,更是别馆林立,亭台楼阁,景色风物,盛况空前,民谚有"城南韦杜,去天尺五",足见当时情形。太宗李世民常在园内消暑、狩猎。文德皇后、诗仙李白、诗圣杜甫、司空曙、韦庄、杜牧、李商隐、崔护、三藏法师、杜顺禅师、遍照法师等人留下许多颂咏佳句、传世佳话,今日诵之令人倍感亲切。尤其诗圣杜甫,在杜曲周围,少陵原下,访寻祖迹,久居于此自称杜陵布衣、少陵野老、杜少陵。杜牧建别馆于原上,而唐玄宗宠妃——武惠妃即葬于今大兆街道庞留村西。

可以说,少陵原见证了中国社会的发展和变迁,从汉唐到明清,无不在这古原上刻下印迹。

被称为"明秦十三陵"的明秦藩王陵全部位于少陵原上。目前,尚有7座陵墓前的石刻保存较完好,虽经600多年风雨侵蚀,石刻的衣服纹饰及面部表情依然清晰可见。少陵原很多村落的名称,都与秦藩王陵有关,最明显的如简王村、康王井村,一听就知道是哪个王葬在这里。另外,还有如大府井、二府井、三府井、四府井等名字,也从明代藩王陵而来。为何这些村落都要以"井"命名?据了解,按照明代的制度,藩王、诸王出生后两岁,开始修建其陵墓,修好后只留一个天井,死后才封葬,因为避讳"墓",所以称为"井"。现在,长安区少陵原上的很多村落,都是明代看守藩王墓的守陵户和驻军的后代。明代旧制,每井有两营兵把守,后来,九井共十八寨均发展为村庄,所谓"九井十八寨,个个有由来",每个井就是一处藩王家室陵墓。今以大府井为首,包括二府井、三府井、四府井、五府井、简王井、康王井、庞留井、世子井，共九井，此外，护陵的军营逐渐形成许多村寨，如东伍村、南伍村、胡家寨、大兆寨、甘寨、查家寨、常旗寨、南高寨等。这些古老的地名，距今都已有六百年的历史了。

清代以军功封为襄壮侯的张勇，葬于少陵原上，人称张侯坟（今长安区大兆街道郭庄村），郭庄村由郭家庄和张侯坟组成，其中张侯坟是张勇的后人，郭家庄为修筑张侯坟的工匠，他们长期定居于此，形成今日的郭庄村。

少陵原的名人典故数不胜数，杜牧、丙吉、张世安，哪一个不是在中国历史上有重要影响的人物。俱往矣，他们已随着时光的消逝化为古原上的一掬泥土，使人不得不感慨历史的力量，更加珍惜现在的时光。

清晨，一个人登临少陵，观少陵麦浪，南眺秦岭巍然屹立，北望曲江水榭楼台。少陵原属秦岭北麓黄土台原区，中部平坦，四周稍陡，地形独立，土地肥沃。新中国成立之初，大兆曾是长安县政府所在地，20世纪八九十年代，由于地处台原，交通不便，大兆经济发展受到影响，目前仍是长安区东部以农业为主的街道。近年来，随着新韦鸣路、新雁引路相继通车，原上的交通变得十分快捷，区位优势逐步体现。由于地势高、光照长、温差大、无污染，原上种植的旱地西瓜皮薄肉厚，含糖量高。大兆街道办事处因势利导，发展设施大棚西瓜种植，通过几年推广，设施西瓜种植面积已发展到200多公顷，大田西瓜稳定在350多公顷，"长原西瓜"已具品牌效应。非公经济发展迅速，大兆辖区现有工业涉及建材、机械加工、木器加工、印刷等，形成了甘村、章曲、甘堡三个木器加工专业村，大兆、小兆寨子两个钢网加工专业村。

得天独厚的历史文化积淀和优越的区位为大兆地区的发展提供了新的机遇。2017年，市政府先后通过《曲江国家级文化产业示范区总体规划》和《国家民用航天产业园二期总体规划》。我们欣喜地看到，规划立足生态和文化资源整合，立足人文特色和区域特色，倡导绿色和低碳。在少陵原的北部，将建设杜陵邑遗址公园、汉杜陵大遗址公园、汉陵遗址地旅游度假区作为曲江的四大片区之一，整体优先保护"杜陵"遗址，并挖掘上林"苑囿"和寝庙园林的内涵。杜陵邑小镇、赵家湾龙山文化社区、秦家沟民俗文化社区、甘家寨陶器艺术社区等景观，充分体现了少陵文化的核心价值。航天二期的规划将把少陵原其余地方全部纳入，明秦十三陵将作为主题公园出现。

古原生风，斯地大兆

王渊平

古长安城的东南方向，有一座气势如虹的高原，它夹在浐潏两条河流之间，南起大峪，北抵西安市雁塔区，宽6—10千米，长约14千米，最高海拔623米。这个既具有丰厚历史积淀又被现代城市文明所拓展的古原，叫少陵原。

按照今天的区域划分，它被长安区引镇、大兆、韦曲三个街办所分割，而大兆古镇，也是今天的大兆街道，就坐落在它的正中。由于大兆占据少陵原的大部分面积，长安人也有干脆把它叫作大兆原的。站在原上，南眺绵延起伏的终南山，北揽十三朝帝都繁华。视野开阔，胸风顿起，襟飞发扬，思接千里。这古老的土地，凝聚着天地精华，包藏着浑厚的物态。"仰终南之云物，俯水之清湍，乔林隐天，修竹蔽日，真天下之奇处，关中之绝景也"（《水磨赋》）。难怪古代的帝王将相把他们的陵寝选在这块敦厚而又凌空的高原，尽享北上的瑞气，南下的煦风。汉宣帝把他的陵寝选在此地，称为杜陵；许皇后把她的陵寝选在此处，称为少陵。大唐盛世的达官显贵、名满天下的文人学士，也都以此作为身后的归宿之地。原上有韦氏墓群、杜氏墓群、颜氏墓群等，朱明十三位藩王的陵墓均设在此原。这是一片钟灵毓秀的土地，它交汇着平原与山川的灵气，有着异乎寻常的魅力。

从韦曲驱车往东，一条宽阔的大道把人带入这块貌似起伏，实则平坦的土原。零星的村庄隐没在沉沉的背景里，土层的厚度好像远远超过了高高低低的屋顶。巨大宽厚的广阔空间里，阡陌纵横，一块块地切割着原野。蜿蜒到原顶，暗绿色的麦田，随原坡的起伏舞动得很远，终南山完全笼罩在氤氲的雾气之中。几千年的日月，布满了原上人农耕的艰辛，往日，清晨甚或朦胧的月色下，父子、夫妻，还有兄妹，一前一后，绳拽手推地往原坡送肥，沿着歪扭的黄土小路，拉着满载粪土的架子车，几乎匍匐着前进，那面向黄土背朝天的场景，让人感觉人与自然在进行着顽强的搏斗。而今天，北面是塔吊起落中日渐坐大的都市，车流如水，楼群若山。传统的农耕生活在一天天离我们远去，一切都在高速度地嬗变和发展。原上人的生活也在发生着新鲜而又复杂的变化，乡亲们在告别简单的土里刨食劳作的同时，一个并非空想的希望，似乎从北往南逞势而来。借着开发的脚步尚未踩响扑腾的黄土的间隙，我们有责任记录下这个时代一些变迁的身影。

从一条岔道拐向一座小镇的地方，端南正北的四条街道呈现在眼前。往南延伸行七八里下原到引镇，往东的路仅二三里就下坡到了鸣犊。少陵原最具特色的风情乃至繁华，都集中在这个地方。桐花纷飞下，错错落落的建筑物在街道两旁依势而立，镶着五颜六色瓷片的楼房间隙夹杂着古旧的老式民房，店铺和小商贩临街做着生意，五颜六色的商品琳琅满目。人们的衣着随便，男人青灰蓝为其底色，女人们身着时装，束身紧腰，点步当当。间或有鲜亮的艳色出现在眼前，不用说就是从校园跑出来的女学生。从东南角水泥钢筋建成的门面房背面，你依稀还记得那个深灰色的八角房屋。猛地，你的脑海里就有了一个影像，就像看见一个垂垂老矣的妇人，新式的棉袄下突然露出了隔世的绸缎来。班车晃晃悠悠从街中间经过，扬起的尘土又不由地把人带到那个硝烟弥漫的岁月。是啊，昔日曾经的热闹，从记忆中轻轻浮起，苍茫背景下，这个看似普通的原坡，散居着大大小小几十个村落的地方，也许正由于它位于富有历史意蕴的一座莽原，竟展现了半个多世纪的沧海桑田。

往前不必考，大兆与整个长安融为一体，位于四原一坡少陵原的顶端，由于它的大气，它的苍莽，方圆十多里农耕生活才生生不已。这个地方，20世纪四五十年代，曾是国民县政府的所在地，当年有着五六十间拿麦秆搭成的官房，驻扎着国民县政府的大小机关。20世纪上半叶，用血风冷雨和惊慌失措来形容那个时代县政权的迁徙和更迭，似乎并不为过。那是1939年，抗日战争到了最艰苦阶段，为了躲避日寇飞机的轰炸，国民党县政府和长安县党部从西安城内迁到了长安县大兆镇的洪福寺也叫兴福寺。初来乍到，仅占有土木结构旧庙房20余间，当年七八月又按地征收麦草，请来河南匠人，夹板压建了土坯房、麦秆顶房20余间。毕竟是一县之府，它管辖着东西50千米、南北70千米的地方，号称陕西首县，机构设有迁管处、田粮处、税捐征稽处、民教馆，还有公安局、警察局、兵役科、看守所等机关单位十多个，从县长到差役从业者约百人。其间县府曾在韦曲设立县城筹建委员会，但无实举。适逢战乱，民不聊生，当年秋天日本12架飞机在王曲北堡寨投掷炸弹，炸死当地农民6人，军校学生20余人，声响盈耳。在其执政期间，国民党党部书记长先后为张克敏、何葆华、贺锦楼、邓俊、王延令、梁纪珊等。这些人在任期间，公干是维持秩序，募捐粮食，发土地证，处理民事纠纷，也监督破获共产党和进步人士的活动等等。那时候，一年四季的颜色是随庄稼的生长和收割而变，绿变黄，黄又变绿，中间再夹一段积雪的冬季。一条宽约丈余的黄土路从西安城大雁塔经鲍陂坡蜿蜒而上，直通原上，与端南正北的大什字相连。街上人声嚷嚷，商铺店铺林立，老百姓生产生活日用品，在这里几乎是用原始的方式交换着。县政府的官员们进城或者外出是坐马车、骑马，偶尔也有老式吉普开进府衙，乌黑的烟尘竟眯了围观人的眼睛。到1948年，国民党长安县党部与三青团长安分团部合并为统一委员会，阵营和声势都大了些。随着解放战争的胜利，到1949年5月，中国人民解放军抵达渭河北岸，县政权迅速土崩瓦解，长安县县长杨志俭率众向太乙宫、小峪、子午溃逃。最后把县府的牌子挂在子午镇南斗角村子的一个农家里，维系了两个多月，直至被解放军活捉。也许这个"南斗"与"难渡"语音相谐，又地处子午峪的山角下，人们后来戏称其为"难渡县"，一个地方政权真是到了苍凉悲戚的境地，山穷水尽了。

历史翻去一页，1949年7月16日，县人民政府从大兆原迁至韦曲，新政权初建伊始，积贫积弱，拆去了原府所在地的大部房产，在少陵原西坡下的窑洞土街，重建了政权机构，把一个形容枯槁的破街烂巷丢在了原上。据说在搬迁的时候，由于农民们阻拦，仅剩下一座古庙有幸存留了下来。作为一县之府，大兆渡过了为期十余年的风华，留下了一段鲜活的传说，与之相延续的，是这里的民风民情。世居古原厚土之上，老百姓虽然保持着传统农业的纯朴与勤劳，脸是古铜色的，表情木讷而友善，穿土布褂子，打着对襟扣儿，可很少系，露着厚实的胸膛，有股憨厚的土人的味道。他们秦音纯正，深厚凝重，利落干脆，掷地有声。熟人打照面一语一个"吃了没"，以此口碑顽强地记录着饥饿的历程。握锄荷担的劳作，闹夜的孩子哇哇的哭声，柴门草垛边的声声犬吠鸡叫，邻里唠一件鸡毛蒜皮的事，牛羊散漫地穿过田埂，粗糙却不失亲切，农人们与这一方水土有着与生俱来的亲和融洽。细细品察，在这里还保留了一种大气，一种精明，一种与自然人生斗争的顽强。

新中国成立以后，大兆一直是长安西部原区的一个重要乡镇，所辖大小二十一个村子，它们是：大兆村、南章曲、兆寨村、司马村、西曹南村、西曹北村、中兆村、三益村、甘寨、甘寨堡、庞留村、庞留井、二府村、小兆寨子、小井、东曹村、新庄、郭家庄、东伍村、高家寨、康王井等，23800多人，耕地2565.4公顷，乡政府驻大兆村，称为农民自己的政权。几十年中，在一个数十万人口的大县，原上的几万农民们跟着党闹春耕，抓粮食生产，搞商品经济，从来没有掉过队。尽管生产条件差，原高水荒，可他们战天斗地的精神却一直延续着，蓬勃着。原上主产小麦、玉米等粮食作物。地平土厚，通风光照条件好，所产的小麦颗粒饱满，皮薄面白；红薯皮光耐贮，蒸熟干甜无丝，吃后余香满口；玉米晶莹如珠，打搅团筋滑耐嚼，只是收成太差，尤其是玉米，如遇大旱，几近绝收。为了提高粮食产量，从20世纪50年代起，地处旱原的大兆人民，打深井，平土地，积肥深耕，千方百计扩大粮食生产，一代又一代的农民苦干实干，干出了可歌可泣的业绩。20世纪60年代后期，为改变干旱缺水局面，乡亲们在原上先后修起了东西两条灌溉水渠，把秦岭之水引上了高原。这两条人工渠如两条巨龙蜿蜒几十里纵贯东西两翼。但西渠仅在酷暑季节有水，且水量有限，东渠只在修成试水当年见水，以后就成了干槽，不得不废弃。整个七十年代，在长安，一提到大兆，人们的脑海里就会浮现出一个战天斗地的生产场景，成百上千的人扛锨掮锨拉架子车，在猎猎的红旗下挥汗如雨，一眼望不到头的黄土原上，到处都是平整土地兴修水利的战场。干部中大公无私的"大寨人"，群众中有出蛮力的"精身子""劲疙瘩"。他们的干劲、经验，时时感染着原下的乡镇，直到20世纪70年代后期，全县性的改土会战、打井会战、修渠会战几大战役，又在这个十多里方圆的原上展开，千军万马一齐涌向少陵原，成为长安人大干社会主义的主战场，那样的人海战术，也是全中国人学大寨的一个缩影。那时候喊得最响的口号是"人定胜天，苦干实干加巧干"。谁都知道巧干是个空话，出大力流大汗，三年建成大寨县，延续了数十年乃至数千年中国人用苦力来改变生存困境的悲壮历史。

改革开放的春风吹到了古老的少陵原，才使这块高原真正焕发了青春和热能。勤劳智慧的大兆人民，凭借一股子干劲，办企业，兴商业，搞副业，抓多种经营，改变单纯的粮食生产格局，显示出了蓬勃的生命力。一时间，乡村队组，家家户户，围绕一个钱字，展开了激烈的角逐。首先是乡办企业在长安东部独领风骚，村村冒火，巷巷冒烟，大兆机械厂、翻砂厂、丝绸厂、印刷厂等，大兆公社造纸厂生产的包装纸机制纸、瓦棱纸板开乡镇造纸业之先，寨子村村民李志英创办私人化工厂，生产建筑油泥、地板蜡、三氧化铬，在八十年代初期年产值就达60万元。大兆大队的草帽加工厂的花园帽辫在广州交易会展销，麦秆草帽辫还出口东南亚和日本，成为抢手货。实行生产责任制后，社队企业在转型中，从机制和管理上曾遇到一定的困难，下马之声东起西渐，可大兆公社的企业在调整中还在继续稳步发展，1981年5月14日，《人民日报》在头版头条上曾报道了他们的经验。随着商品经济进一步深入，与乡镇企业相辅相起的家庭作业也在这块厚土上方兴未艾，鸡场、猪场、鹌鹑养殖场，遍布村村寨寨，随之相配套，又兴起了鸡笼厂、镀锌厂、扎钢厂，产品远销西北诸省，其规模之大更是让人惊奇。一时间，鸡鸣鸭摆，猪叫狗咬，机械铿锵，人声鼎沸，成为原上一大风景。村民在身份的转换中，纷纷当起了小商贩，进城两筐鸡蛋，腰包鼓起，亮嗓引吭，车轮滚滚，一派忙碌。"两个筐筐一杆秤，跟着小平闹革命"，群众中蕴藏着极大的商品经济积极性。

到了新世纪，商品经济在乡村几经浮沉，得失互鉴。人们忽然发现，他们生存的空间一方面很大，大到天南海北；一方面又很小，小到只有生养自己的这片黄土。于是，青壮劳力扛着铁锨进城当小工，学厨艺，当保安，用低廉的劳动力在城市谋一口饭吃。

195

有经济基础的人买机械办砖厂，跑运输，做黄土生意。就连村里的中青年妇女也被商品经济的热情所点燃，一到秋季，她们把孩子和家畜寄养在娘家或邻里，成帮结队就乘火车去新疆拾棉花，去青海挖虫草，把近似悲壮的艰辛洒满了西路的征程。颠簸数年，奔波万里，归来的原上人忽然发现，他们生存的真正希望还在脚下这块土地。天生缺乏经商才能的他们就顶烈日冒严寒地在土地上下功夫种蔬菜，旱蕃茄、西瓜、地膜油菜，十八般武艺尽显神通。尤其是种西瓜，如今成了老百姓增加收益的大好产业，原上的西瓜皮薄肉鲜，沙甜爽口，很受市场青睐。为了把西瓜销售出去，许多人家都买了农用三轮车，西瓜上市旺季，男的驾车女的跟车，拉着西瓜到西安城里及其周边地区销售。到了成熟之日，青壮妇姑满头热汗奔忙于田间地头，人声喧嚣，交易频繁，成千上万的车流人流，在强烈的阳光照射下，绿得滴翠，火得灼人，成为原上一道奇异的风景。

开发的脚步而今成了时代的跫音，铿铿然不舍昼夜，中国人从来没有像今天这样热切而惶惑。城市化的进程以钢筋水泥的力量和巨型装载车的速度，从北向南，从西向东轰然而至，开发商们得陇望蜀，把一座座高楼大厦多米诺骨牌一样盖上了少陵原，在把城市人住房的梦想不断放大拔高的同时，也把巨大的商机带给了高原上的人们。农民盼望着有朝一日把祖祖辈辈厮守劳作的这块原坡卖给强势的他们，彻底结束面向黄土背朝天的苦焦和酸辛，却又从心底担心着往后的日子怎么过，住在楼房草坪和商街夹缝中的他们，真正能成为城里人吗？这真是一个世世代代说不清的问题啊！好在大兆这个名字，少陵这块古原，它所呈现出的传统意义，具有吉祥、古朴、浑厚、大气的意味和浩荡高远的精神，千千万万的农民生于斯，长于斯，他们是勤劳的一群，智慧的一群，面对未来，他们也一定是充满希望的一群啊！

　　古原悠悠，呈吉纳祥；风生云起，梦回汉唐。

漫步少陵原

尉妙英

第一次听说少陵原，我想当然以为是因杜甫而得名，杜甫不是被称为杜少陵么？

一少陵原土著友人听后，断然予以否定：非也！是因汉宣帝与他的许皇后陵而得名，汉宣帝陵叫杜陵，许皇后陵稍小，少小通用，便叫少陵，原便叫了少陵原。

哦，那就是说先有少陵原，杜甫后来居之，才自称了少陵野老。

谈论就此打住。朋友未有进一步延伸，我也没有进一步探究。之后数次途经少陵原，只作为过客，来也匆匆，去也匆匆，竟从未沉下心来，与之作一次静心交流。

前日冬寒，文友相约，漫步少陵，游走大兆。连日里雾霾深重，与友走村串巷，七拐八拐，转眼便不辨了方向。加之不时见得一冢，随处遇上一陵，仿佛误闯入一个考古基地，不知穿越到哪朝哪代了。幸有长安友人作向导，一边将我等引领到一个个古意悠悠的墓址遗迹，一边讲解着它的前世今生，让你一边为脚下那方土地厚重的历史感而震撼，一边为它当下随处被忽视遗忘的景象而叹惋。

于张侯村，得见被称作千古一相的丙吉之墓。丙吉乃救护幼时入狱的汉宣帝之狱官，他通大义，为人贤德，知人善用，恪尽职守，后成为一代贤相。

村子另一侧是清朝封疆大吏张勇之墓，一座两米多高的石人像躺倒在路边。墓冢边，一大型龟座与石碑两相分离散落着,碑上清晰可见"雍正帝御祭"等碑文,当应有一定价值罢,可却落入无人问津的境地。

村道中,见一自称是张勇后人的老者,言他家是为先人张勇守墓而落户于此的后来人,现已是第五辈了,自己也以刻碑卖碑为生计。看旁边一院落,几十块石碑已堆置到了村巷中,每一块都寄托着后人对先人们的缅怀。此情景不禁让我对这个刻碑之家生出些许敬意来,这个厚朴之家,不只自己秉承着一份深沉的孝恩,推己及人,也以这样一种方式襄助他人完成孝念,这当是他们最好的选择罢。

再到庞留井村,见到明秦惠王朱公锡墓,地头有市政府立的保护性碑刻,碑刻后面,整齐排列着一组翁仲、马、麒麟、虎、狮、羊等石像。这些历经五百多年风雨侵蚀的石像,几近完整地一直守护着这座藩王陵,倒别有一番意韵。其雕工惟妙惟肖,憨态可掬,尽显忠诚。二三十米开外,惠王和惠王妃的墓冢并列田间,脉脉含情,似生死相依。

在少陵原上,像这样的明秦王墓共有十三座,被称作明十三藩王陵,与北京的明十三陵有大小之分,相得益彰。少陵原上流传一句话说:"九井十八寨,个个有由来。"何谓井?一听这名字,就觉得有说道。一说是修建陵墓时留有天井,死后封葬,避讳墓而称为井;一说陵墓像"鼎",长安方言读"井"。后繁衍成村落,便以井命名,分别称大府井、二府井、三府井、四府井、五府井、简王井、康王井、庞留井、世子井(十子井)等,从第一代秦愍王延续下来,跨越有二百多年。

朋友说,还有一杜牧墓址就在近旁的司马村,村名是以作过汉武帝大司马的霍光的官职命名的。当借助朋友记忆又加之村民指引,一干人终于找到目的地时,谁能相信,就在那一片低凹的荒地中,那一个被填入了垃圾的地坑,就是唐代大诗人杜牧的墓地?我们一阵唏嘘愕叹,转而离去。

转去中兆村,去寻一只横卧村道的石羊。这里有个传说,说很久以前一年大旱,中兆村有只羊跑到邻村二府井去饮水,被二府井人追赶,背上还被抽了一鞭子,羊跑回中兆村,在马路中间停驻,化成石羊。后村人觉得这羊站在路中间于人通行实在有碍,就把它移到了一边,未成想之后村人接二连三地患病,便想可是惊动了这只神奇的石羊,就又将其复归原位了。

我们在不大宽展的街道中穿行,很快就见到了传说中的石羊。有七八十公分高的石羊就静立在窄狭的村道中央,石身已被磨得很光滑了,背上拦腰有一道伤痕,正应了鞭笞之说。

折返途中，邂逅了许皇后陵。这个少陵原名字的由来之地，正是此行心念萦回的落点。

许皇后名许平君，原是一介平民女子，天赐姻缘，嫁给了落难的皇曾孙刘病已，不久，这位被丙吉救护过的皇曾孙即被拥立做了汉宣帝。由此，这位当时唯一在登基前受过牢狱之苦的皇帝，种种非凡的举动，一次次将我们震撼，让我们感动。先是在众臣都推立位高权重的霍光之女为皇后时，一道"寻故剑"的旨意横空出世，向所有人表明心迹，自己心念的是糟糠之妻，这是历史上一道最浪漫的诏书，是为"故剑情深"。之后，势单力孤的平民皇后许平君，终难防奸人暗箭，被霍氏指使人毒害致死，汉宣帝的伤痛全寄予在追封给她的封号中——恭哀皇后，并将她葬于他的百年之地——杜陵的南园，是为"南园遗爱"。从此，汉宣帝隐忍蓄势，抓住时机还手反击，终将余孽铲除，为发妻报了仇，并立了他们的儿子刘奭为太子，以示恒念。

对这位汉宣帝，且不去问他的治国之才，不去看他的拓疆伟业，只说他的重情重义，已让我们倾服，他却兼有雄才大略，文治武功彪炳史册，打造出一个"宣帝中兴"时代，这又增加了他的厚度和高度，着实令人仰止。那么他爱的女人也绝然无差，亦当受人爱戴。

我们已然一步步走近了许后陵，舒缓平阔的台冢，在雾霭笼罩下，恍若仙境，一片一片芒草随风浮动，似在诉说着千古不变的誓言。站在许后陵上眺望杜陵，感念着那千年传诵的爱情，仿佛触摸到少陵原浑厚坚毅的脉搏，不禁心潮汹涌。这片土地以此陵命名，足见其对这一段情谊的推崇，也表明其挚真恒远的旷古情怀。

天地莽莽间，回望少陵原，那一方神奇的地域似乎只被揭开了一角，那么等我，容我慢慢认知、赏品。

家在原上

王润年

长安的春天是诗境的。设若你的幻想中有个苍原绿茵的梦想家园,有浸润千年的文化遗存,有少陵野老的诗碣残石,有伤心月殿的香迹遗恋,那便是少陵原。

春天的原上,芳草连天。远远望去如彩云一般,空气里弥漫着浓烈的花香,惹得游人凝眸,流连。每次开车爬上少陵原头,我最怀恋的是这片纷繁历史文化的诱惑——那冢,那碑,那厚土,那山影,原上的古朴的画境就随之转入静美的诗境中。这个诗意的春光春色是原上独有的,这个曾经华美无比的地方是上帝赐给的。我常常站在少陵原的最高处,望着桃红柳绿的山景,望着更远的五色斑斓的田野和在阳光下沉寂的一座座大小陵冢,生出一种神妙幽美的感觉。

少陵原不完全是一个游逛的、休闲的地方。它的美不是红绿之美,而是一种苍凉沉静的美。读多了关于少陵原传说的多个版本的书,我不愿去踏着别人的脚印重复着它的旧日,不想去追溯这方厚地的历史渊源,也不再好奇汉宣帝与许皇后的"南园遗爱",以及原下十里樊川的暮鼓晨钟,我知道少陵原就像是一座装满各种故事与风景的古城,永远有我心中说不出的凄美、看不够的盛景、读不懂的文踪史迹。

每每回到原上的家,我就会想起村东的大冢,虽然早些年因平整土地已夷为平地,但儿时与小伙伴在冢上玩打仗的情景常浮眼前,随后只是听爷爷说过,这原是汉朝时一个公主的冢,足有三间房大,与二里之外的许皇后陵遥遥相望,我似曾找到她的文献遗迹,寻找她与村庄之间的真实故事,至今无获。就像故人所说,少陵原上的村,村村都可写出一本厚重的书。

原上春天的风是绿色的，如浅浅的碧玉色，吹过了原头，拂过了田野，把禾垄涂绿，把小溪也抹上碧色。春风里，循着章曲村、庞留井的石人石马，绕至神道顶头，我常一个人挎着相机在哀婉鸟语的树荫下边走边拍，时有一种冷清空寂的感觉，有时忽然眩晕，有时又心神怡然。

自古以来，历代封建王朝提倡厚葬以明孝，明太祖朱元璋，封他24个儿子为分驻各省的藩王。240年间镇守西安府的13个秦藩王死后均埋葬于少陵原上，与50余座陪葬墓冢一起，构成了约45平方千米的明秦藩王墓群，且因当年陵墓建筑宏伟，陵前殿堂楼阁竞相错落，形成了各自完整的皇家陵园。墓前神道两旁按仪卫性题材，均设有华表、神兽、鞍马、狮虎、文武侍臣、碑碣等大型石雕，隐含着统治者祈盼社稷江山永久稳固的心理。

最令人注意的是这些斑斑驳驳的石雕，雕刻细腻，动态韵律，寓巧于拙，栩栩如生，是中国传统文化的综合体现，散发着古代文明的艺术光华。仅遗存下来的黄土堆与阳光已合为一色，与大地浑为一体，让人在静默中体味神秘，思索人生的真谛。

春风掠过少陵原，原上的每一个地方，都充满了浓郁的文气和灵气，特别的石雕融入了特别深沉的文化风景。走近原上，不仅仅是观看，更是一种对漫长历史的思考和回味，似乎在阳光下读着杜甫的诗和优美的散文一样，一种美丽的心情随同涌起，我情不自禁地捧起路边的花草和泥土亲吻起来，啊，原上真好！

秋天的少陵原

李敏孝

我的家乡就坐落在这座古老的黄土高原上,四面平川环抱,绿水环绕。没有空气的污染,没有噪音的干扰,没有环境的破坏。高原宁静、清幽而神秘。

顺着蜿蜒的小道爬上去,站在高原顶上,脚下是厚厚的黄土,沟壑坡峁,各种地貌尽现眼前。向北望去,隐约望见古老的大雁塔,座座汉代陵墓,近年矗立的电视发射塔,长安八景之一的"曲江流饮"就在它的近旁。西边国道上汽车的喇叭声不时传来,东边铁路上火车的轰鸣,打破了古原的沉寂。日月轮回,寒暑更迭,古原似乎还在沉睡着,唤她不醒。

高原没有名字,直到汉代的宣帝把他的皇后埋在这里,才以这座陵墓的名字命名了整个高原——少陵原。一千多年前,吟咏过民生疾苦的少陵野老——杜甫,郁郁不得志时,就躲避在这里。如今纪念他的祠堂就在原南半坡上,愁容满面的杜甫依然站在那里凝望人间……

秋天的少陵原,一片金黄。土是黄的,遍地的野花是黄的,熟透了的庄稼是黄的,连树叶草叶都是黄的,甚至人人脸上都泛着金光;原畔下黄土中渗出一股股泉水,泛着淡淡的金色,汨汨地流淌着。皇天后土,养育了一代代黄土儿女。

中秋时节,人们收获了谷子、玉米,金色的谷穗堆满场,金色的玉米穗挂满高高低低的树杈。一轮金黄的圆月升起在天边,家家的女人就在铁锅里烙出一个黄橙橙的团圆馍,像锅盖那么大那么圆。虔诚地献给月亮爷,不敢有半点怠慢。大街小巷弥漫着一股清香,月光下多出了孩子们的欢笑,他们唱着:"月亮爷,丈丈高,骑白马,带腰刀。腰刀长,杀个羊。羊有血,杀个鳖。鳖有油,炸个麻花咪喽喽。"这一夜家家都没有灯光,只有金黄的月光洒满大地,洒满人间。人们一边赏月一边说笑,其乐无穷。

在收获过的田野上,又冒出了冬小麦的青苗。到了重阳节,就是家家走亲戚的时候,下原的小路上就多了挑起笤筐的人群,担着大糕送给出了嫁的姑娘。一个笤筐里只能放下一个糕,糕上做成各种动物图案,有龙有凤,也有耗子蛤蟆,涂得五颜六色。这已不是吃的食物,而是一种民间的艺术品。圆圆的大糕,显示了高原人的淳朴、厚道与实在。人们都说,高原上的"糕"才是真正的"糕",它能给人带来一年的好运。

走完这趟亲戚,天就冷下来了。一场大雪降下,高原被封住了。高原上一片银白,树梢、屋顶、沟沟坎坎,都是白的。向南望去,"终南阴岭秀,积雪浮云端"。

冬季来临,家家都要沤一缸酸菜。吃一口酸倒牙根,直凉到心底,一直吃到来年野菜遍地绿,野花发清香,这时才有了鲜菜下锅。一冬天人们都躲在家中,喝着苞谷糁,就着酸菜丝。坐在土炕上,吸着呛人的劣质旱烟,拉起闲话来。烧火炕的柴草烟袅袅升起,一家和一家的青烟连在一起,这个村子和那个村子的青烟连在一起,飘浮在大地上,好像架起了一座天桥。高原就好像天宫一般,弥漫着神秘的色彩。人们却少了往来,上了年纪的人就要在家里窝上一冬。孩子们却呆不住,打雪仗堆雪人。鸡没了觅食的地方,在柴草垛下使劲刨食,狗在雪地里追那没处藏身的野兔,夜里听见狐狸呜呜地鸣叫。"鸡犬相闻,老死不相往来。"古原像一块历史的"琥珀",古风犹存,至今依然。

少陵原上的新亮点

刘俊华

家住长安少陵原上栲栳村的四妻妹改凤,来电话说她家的楼房已盖好,叫我和她姐回去看看,在新房避几天暑热。四妻妹家在我往日印象中比较清贫,因娃小缺乏劳力日子过得紧巴艰难,在吃穿用上我们曾支助过不少,怎么才几年日子就过得富裕滋润,竟盖起了楼房呢?周日小女婿开车,我和老伴前往想看个究竟。20世纪60年代去改凤家,常是步行出和平门上曲江原,要费三四个小时。20世纪70年代我骑自行车上下韦曲坡,再上美院东坡,也得花两三个小时,每次去都为路途艰难不便发愁。改革开放后原上村村通了汽车,这才不为回家发愁劳神了。

说是便当,真是梦幻般变得飞快,小车出和平门经雁引路再上高速,沿途尽是蛛网般村村通的沥青乡间公路和规划整齐闪亮耀眼的二三层小洋楼。看着、说着、议论着,感觉没多大一会儿车便进村到了妻妹家大门口,她和爱人在门口树下等候。下车我抬头一望,红砖蓝瓦的二层楼耸立眼前,我顿时眼前一亮惊喜不已。楼是水泥钢筋混凝土框架红砖砌墙,楼上楼下各三室坐北向南,东厨房西库房,南边红油漆大门镶嵌在红砖蓝瓦的院墙一角,一个北方人家独具特色的农家四合院,一种安全和谐温馨的氛围。房子按时下流行的形式格局颜色装修一新,铝合金门窗蓝色玻璃,粉白墙彩色地砖,淡雅而温馨,迎面照壁墙上绘一幅黄山迎客松彩画。院子明亮而又畅快舒适。我边品茶边在高高楼顶平台放眼四望,眼前仿佛是一幅浓墨重彩的乡间五彩图,街道规划整齐有序,干净整洁的柏油路上,不时有大小汽车鸣笛穿梭而过,那一排排一栋栋二三层楼的房前屋后,被绿色的树木和花草掩映得一片勃勃生机。当年那些低矮杂乱破旧不经风雨的老式瓦房荡然无存，那"晴天扬灰路，雨天水泥路"，令人发愁的贫瘠的乡村街貌旧容已化作梦中的往事……

　　我正看得入神，妻妹在西安打工的女儿王艳听说我们来，特地赶了回来，母女来到楼顶边给我添茶边伴我聊天。妻妹乘机夸女儿能干，说农村致富奔小康，家里这一切变化除了她和她爱人忙家里农活外，女儿在外打工也出了不少力。我曾听老伴说王艳打工不错，还是个什么小经理独当一面，整日风风火火天南地北地忙活。没想到当年一说话脸就红，不显山露水的黄毛女子，今日竟创出了一番自己的事业，真是天变地变人更变，我不由赞叹道："你真变成了女强人女能人了！"王艳一身时兴的服饰，略施淡妆的脸上露出一副当今年轻人的洒脱豪气说："社会大变了，人怎能不变？"是的，社会变了而且变得飞快，而人作为社会的主人怎能不变呢？随即王艳手一指说："东边那一片二三层楼是新和村，北边那一片绿树掩映的小洋楼，是焦村和四府井村，西北角那蓝天白云下一片高楼大厦，是有名的航空航天城，听说那载人飞船和绕月探测工程都和他们有关。"她说得激动而兴奋，随即话题一转说："听说我们村，将来也是航天城开发的一部分，到那时你来这里将是一个新天地，不仅是二三层小洋楼，而且高楼林立绿树成荫，交通四通八达的新农村、新长安，说不定我家会办起避暑休闲度假的农家乐哩！"

少陵原的夏夜

王小侠

因为只身在新疆的戈壁滩参加施工，每天被琐碎的资料数据包围，昨天晚上刚说准备休息，听到宿舍外有几声蛐蛐叫，心里不禁一动，突然想起在我的故乡长安，少陵原畔的夏夜该是多么迷人啊，想必这时候故乡已经到了麦收时节了吧，想起布谷鸟的歌唱，那声声蛐蛐叫，还有那夏夜满天的繁星，思绪一下子将我拉回到那遥远的童年时代。

孩提时代，最盼望的就是这时候的夏夜了，那时村里都是泥路，最怕的就是下雨天的泥泞了，而这时候难得有了宽广无比的打麦场，都是每家的自留地连在一起，离家也很近，场里这时已经接上了明晃晃的电灯，这无疑是孩子们的天堂。小时候学自行车大都是这时候学会的，由于地方宽敞，又很安全，刚开始有伙伴在后面扶着车后座，只听伙伴说，只要把车头扶端、把稳，只管向前，目视前方……后面的人已经悄悄放了手，前面的人还以为后面人在扶着，结果不到一个小时，就摇摇晃晃地嘴里喊着："小心、小心，车子没闸又没铃，碰了你莫嫌疼……"笑声就洒满了整个打麦场。

还有一项活动是"倒栽葱"，俗称"打列子"，只见一个个双手扶地，一下子双脚就扎到了麦草垛上，男孩女孩随即头朝下排成一排排，看谁坚持的时间最长，很是壮观。而每次就数隔壁二丫动作最优美，甚至还能将双脚从麦草垛上移下来，腰弯成弓形走上几步，这时候就有男孩的口哨声作为最高奖赏。我现在想按照体育的专业术语应该叫动作的协调性和柔韧性比较好，如果放到现在，条件允许应该去学武术、舞蹈或者体操，可惜那时候吃饭都是问题，父母哪还有精力去引导和培养孩子的兴趣爱好啊！还有一项运动是滚铁环,其实就是一个箍桶的铁圈,然后再用钢筋窝上一个勾搭,只管在宽敞的场间滚来滚去,甚至可以滚着跑起来。我虽然"打列子"不行,滚铁环却比男孩子还滚得好,往往这时候,平时看起来很严厉的老爸不但不说我,还投来很欣赏的目光。还有"抽猴"等娱乐活动,想起那时候的孩子虽然没有零花钱,没有电脑,但是同样阻挡不住童年的快乐。等到大家闹够了,准备回家休息,而有些男孩子就拉张席子睡在场间,看着满天的繁星,听半导体里播放的《杨家将》《岳飞传》等,这时候我真恨自己是个女孩,我想我要是个男孩多好啊,女孩家里是绝对不同意在外面睡觉的,也有好多大人睡在场间的,他们则不光是为了图凉快,因为他们还有使命,半夜等风来了"扬场"。这天我看爸爸高兴,就硬赖着不回家,于是哥哥就给架子车上铺上褥子,我躺在里面,上面盖上薄被子,听爸爸给我讲故事,爸爸还说了至今让我记忆犹新的话,这"扬场"一定要趁风多扬几锨,没风你急死也没方子,就和人生一样。我当时就不明白这和人生有什么关系啊,现在才明白就是要抓住人生的每一次机遇啊。半夜一股风吹来,迷迷糊糊只感觉"雨点"打在头上,一看是爸爸精瘦的身躯铲起满满一锨碾好的半成品麦子扔向天空,比我大十多岁的哥哥则戴顶草帽拿着一把大扫帚顶着麦子的击打不停地扫。不一会儿,原来那座"小山包"就变成了一道麦子的山梁,在灯光的映衬下发出明晃晃的光芒,煞是好看。直到如今,我对粮食都有一丝敬畏,不敢轻易浪费,我知道它不但能让人吃饱,而且来之不易。有时候我的梦里还会经常出现这样的"扬场"景象。

  故乡的夏夜如同一幅精彩的画面印在了我的脑海,闲暇时会时时想起那满天的繁星,爸爸会指着遥远的星星告诉我,什么是北斗星,什么是牛郎星和织女星,还有那邻居大叔吼出的雄浑的秦腔《下河东》,那吹过我脸颊的微风,还有一声声的蛐蛐叫。只可惜我那慈祥而知识渊博的老父亲已经埋在了地下与他一生挚爱的麦子同呼吸了,邻居大叔的秦腔如今也换成了他孙子的流行歌曲了,大叔也去和爸爸作伴了。我的故乡少陵原也许在不久的将来就会被拔地而起的高楼大厦所替代,可我还是陶醉在儿时的少陵原畔。

少陵原归来

王劭华

韦曲城南锦绣堆,少陵原畔潏河滨,轻岚袅袅入樊川……

沿着崎岖不平又苍古幽长的小路信步而上,一种敬重的感慨油然而生,这少陵原下面就躺着汉宣帝和他的皇后,长眠着著名爱国将领杨虎城将军和英雄小萝卜头,作家柳青就曾在这一带写出了著名的《创业史》。

站在少陵原上,天边的终南,平坦的樊川,一直绵延到原下。邈邈云浮,天边阴岭如垣;极目远眺,八百里秦川似盘龙,正是唐人诗中景象:"少陵最高处,旷望极秋空。君山喷清源,脉散秦川中。"

据考证,少陵原在古代植被很好,高原上曾有水泊。高望堆东有大小鲍陂,南有西陂,且都是自然湖泊。唐时,登上少陵原头,向北俯瞰,整个长安城尽收眼底:繁华似锦的芙蓉园,彩船画舫亭台楼阁的曲江池,高耸入云的慈恩寺大雁塔,棋盘一样整齐的长安城坊里街道,金碧辉煌的兴庆宫、大明宫;向西俯视凤栖原,何将军山林,樊川西部水寨相连、田畴如画;向南望神禾原起伏,南五台、翠华山青翠高出云表,终南山像锦绣的画屏一样秀丽。

少陵原在某种意义上又和诗圣杜甫的名字联系在一起,老先生在安史之乱前后,曾长期居住在少陵附近,"少陵野老吞声哭,杜曲幸有桑麻田"就是当时的写照,因他的远祖杜预本是长安人，所以自称"少陵""杜陵布衣""少陵野老""杜陵野客"，诗集也以《少陵集》命名。他的一生如同他的诗风一样沉郁苍凉而不失雄浑瑰丽，落霞满山的少陵原上，也许可以再现当年的豪情与悲凉！而今的杜甫祠堂，北倚少陵原，南临樊川，祠内花草茂盛，环境幽雅，正是杜工部出众才情和广阔胸襟的写照，也是对这位自称"少陵野老"的老先生在渊远中华文化中的永久纪念吧。

跨越历史的星空，来寻找那份厚重的记忆。那一切都遥远了，遥远了，遥远了。古色古香，又暮气沉沉的时代遥远了，"文景之治"遥远了，"三吏三别"遥远了，"西安事变"遥远了……那凝重的黄土味、苍凉的秦腔味、幽暗的书卷味，还有那华清池隐隐作响的兵谏枪声……站在少陵原上，你尽情去想吧，不论多么离奇，都不为怪。这郊外漫山遍野的矮树杂草，下面几乎都埋着身份尊贵的灵魂，他们曾经在属于他们的那个年代衣锦华服唱和兴衰，豪情万丈救国救民，根本不会想到像我这样的后来人会在这里怀古思今，唧唧歪歪。

登高放眼，原下一马平川，这种景象总会让人感慨自身的微茫，这是在任何地方都不会闪现的感觉。人说：读万卷书，行万里路。然天下之境涉而即得，得而辄尽者，始焉欣欣继焉索索，欲求余味而不可得，而得之甚艰，转使人有无穷之思者，岂独少陵也哉！

尼采曾经这样说过，如果你祈求心灵的平静与快乐，那么你就去信仰吧。有了这句话，我那登临少陵原颇不宁静的心也终于找到了一点寄托。小憩片刻再睁眼，已然薄暮袭来，并且大风突起，尘土飞扬。从少陵原归来，这种感觉更是弥漫在我的身体里，感慨良多，不能自制，于是提笔，把这份心情记下，作为踏陵归来的一份灵气永远收藏在内心深处。

209

寻找杜牧

谢 强

2015年，我又一次踏上了少陵原那深厚广袤的土地，在这霜叶红于二月花的季节，去探访晚唐诗人杜牧的墓。

少陵原在西安市区以南，东有浐河，西临滈河，北望长安，南接秦岭，那自古就是一处供人游览的好地方，更是文人雅客喜好聚集之所，累累文化遗产在原上星罗棋布。少陵原土质深厚，历来便是皇室贵族选择茔冢之地，也因汉宣帝的皇后许平君之少陵位于此地而得名。整个少陵原从西北至东南呈阶梯状上升，形似三级台阶，虽然远看地势开阔，但其实原面却并非一马平川，而是高低起伏的。也正因如此地形，少陵原一带自古便孕育出了许多自然村落，南宋郑樵在《通志》中记载："少陵原，乃樊川北原，自司马村起，至何将军山林而尽，其高三百尺。"这其中所提司马村，便是原上众多历史名村中一个年代久远的古村落。司马村，是唐时京兆万年望族杜氏的家族坟茔，长眠于司马村的诸位杜姓中，最为世人所熟知的要属晚唐诗人杜牧了，而这也是我此行去探访的目的地。

从西安市区驱车向东南走，秋日艳阳下的西安城，高楼林立车流如川，到处都在彰显着大都市的繁华与生机，而我的思绪却飘忽向几千年前的名门望族杜氏一脉。京兆杜氏据传早在西汉时期便从河南迁入长安，是魏、晋以来数百年的高门世族，在唐代尤其煊赫，有一种考证说在唐代官至宰相的杜家人就有11位之多，难怪唐朝人说"城南韦杜，去天尺五。"他们一直是统治阶级的最上层。诗人杜牧便生在这如此显赫的官宦世家，其祖父杜佑官至中书门下平章事，与房玄龄同为唐太宗的左膀右臂，更有《通典》传世。虽然其后代子孙也有官居宰相者，但是能够将杜佑的经世致用之学继承发扬的，当属杜牧。杜牧是后人熟知的大诗人，但他并非两耳不闻窗外事，生平极是留心当世之务，政治才华出众。杜牧26岁进士及第，可谓是少年得志，抱负在胸。然而却任京官半年后转至幕府，以经国之才自负却拘束于宴游之间，不可谓得志之士。十年幕府生活之后，杜牧再做短期京官，出守黄州、池阳、桐庐等地，晚年出守吴兴，最后回到长安任职，终于中书舍人，其一生宦途虽无大风大浪却也无法实现其藏于胸的经国之志，不可不谓之遗憾。

有"小杜"之称的杜牧，其成就当然还是在于诗歌。我想起自己20多岁的时候，曾经去湖南登岳麓山，游毛主席亲笔题词的爱晚亭，观尽染的层林，读杜牧的《山行》，全无一丝其他诗人悲秋之意，更让人感到意气风发，蓬勃于胸怀。晚唐的诗大多是辞藻华丽，而杜牧的诗在注重辞采之余却又更为清丽，情韵跌宕又不失气格劲健。当然，杜牧的诗作更多以咏史抒怀，甚至切当世之务，诸如其在25岁时写下的针砭藩镇割据的五言古诗《感怀诗》，更有其23岁时因宝历年间大起宫室、广声色而作的《阿房宫赋》等等。其诗集《樊川文集》更是被后世广为传颂。

我与生于斯长于斯的作家朱鸿结伴去寻找杜牧。车行过大兆街道，一路来到少陵原的最高处，景色也褪去了城市的喧嚣，那如盏盏红灯笼的柿子高挂在枝头，与远处的原野构成了北方特有的秋色。寻找杜牧的墓并不是那么顺利，这里没有预想的路标或古迹指示牌。朱先生虽然数次至此，然而道路改造，房舍起落，还是不能一步到位。几番问询，我们才在一位乡党的指引下进了司马村。又几经辗转，在村中一位老人的带领下，终于来到了这位大诗人的坟茔之前，但此刻，我却又难以相信眼前所看到的的画面：没有想象中的宗祠园林，甚至连一方墓碑都不曾看见，老人所指的地方，竟是农舍边一块满是荒草的坑洼之地！看着我难以置信的模样，老人又道："这就是杜牧的墓了，原来墓前那7米高的封土在文革中就没了，冢旁的大槐树让人锯了，甚至清人毕沅为之题写的墓碑也消失了。今年清明时节从台湾来的杜家后人来找，也是到这坑里祭拜一下便罢了。"听着老人的话，看着脚下那片被杂草掩盖甚至堆着垃圾杂物的"坟茔"，震惊、无奈、悲凉甚至愤怒，在我心头错综交糅，久久难以平静。

是啊，一千多年过去了，那显赫的京兆杜氏早已成为普通百姓。这千年的司马村，如今也是没了一点文脉的传承模样，更因为青壮年的入城谋生，村中甚至显得有些颓败不堪。朱先生无不悲哀地告诉我，多年以前，他在一次有数位政府官员出席的会议上曾据理论证，可以将这文化遗产累累的少陵原，建成一个中华农耕文明博物苑，永久性地保护这片民俗、民居和历史遗产。不仅如此，它还将成为世界罕见的紧临甚至处于大都市里的一个完整农耕文明展示区。但这一切却被城市发展、房地产开发给淹没了。此一番话，让我想到了许多。西安乃文化深厚之地，遍地是文物，到处是历史，可当年的十三朝古都，留下的东西又有多少呢？单单一位那么伟大的诗人，身后竟是如此惨状，让人唏嘘。一个崇尚文化的长安，是如此厚待我们的先贤的么？

或许可以聊以自慰的是，诗人诗中那牧童遥指的杏花村，却在清明时节常常让人想起。但那不是长安，而是遥远的安徽，那里从2012年便开始举办清明公祭杜牧大典，竖起了4米高的杜牧像，吟起了那流传千年的《清明》诗。可是杜樊川呐，你一生辗转于大江南北，晚年终又回归生你养你的长安，长眠于你那显赫世家的祖茔。但你一定不曾想到，你这安息的茔冢虽然历经了千百年的风云变幻，如今竟掩盖在这凄凄荒草之中，连一方封土碑石也不剩了！

或许，这少陵原已将你遗忘，长安已将你遗忘了啊。

秋阳西垂，原本让人备觉温暖的秋风竟也生出一股悲凉之意。我在心里默默凭吊了一番诗人后，与朱先生慢慢蹚下原去。一路上我不禁几次回望渐渐远去的司马村，我想，我终是寻找到了杜牧，寻找到了被生他养他的长安几近遗忘的杜牧。也愿这寻找终能拨开岁月累积的尘埃，让那些不该被遗忘的，可以被人们永远怀念和珍藏。

一池碧玉入梦来

骆 浩

门前的池塘,似一块碧玉,依稀闪烁在我对老家庞留村的记忆里。

整个冬天,风都满满的,从天的大口袋放出来,肆意地吹拂大地。积雪依着地面连绵到远方,银白,白得耀眼。池塘穿着冰灵灵的绿色盔甲,像躺在我家大门前的战将,抑或是一条恹恹卧龙,默默地被冰封了起来,歇息了,好似陷入梦境,然而我知道它终未沉睡。

几个孩子踏着冰层,敲冰嬉闹的声音打破村子的寂静。整个池塘睁着一只冻僵的墨绿眼睛,凝视天空,等候着温暖的春。鸟儿已储食归巢,一家子依偎取暖,封门闭户。池塘周围,只有铁青的树,他们相互凝望着对方,光秃的躯干,依然傲倔刚强。雪落悄然,覆盖大千。雪住的时候,奶奶会带着我们兄妹拿着铁锨和扫帚铲雪扫雪,总要把院落打扫得干干净净,门前路子打理得畅畅通通。随着周遭地面的裸露,池塘更显得聚焦惹眼。

春天如期降临,大自然充满了欢笑。水藻事先激昂地铺陈开来,摘成一塘碧玉。鸭子破开漂浮在水面的余冰,群群徘徊,欣然搅动着涟漪,呱呱抒发春情。长脖子的白鹅,不自觉地高傲起来,鹅顶红在这大块绿中摇晃着,愈加醒目艳丽了。在太阳最好的时候,会发现一只深藏在塘中淤泥里的老鳖钻出水面,伏在南岸悠闲地晒太阳透气——如果你足够幸运。那些塘子周围的杨树,满身疙瘩抽出新芽,油油的,嫩嫩初新。岸边梧桐树褪掉老枝,撑开苍穹,带来了春天的绿意。一匝不知名的小花杂草很有眼色地围上池来,拼个色彩,凑个热闹。池水如此清澈,隐隐腾一股灵性。三三两两的村妇,蹲在塘口青石边,抡着棒槌洗衣，聊着家长里短。整个池塘托着红润温暖的太阳，在微风里荡漾着金色的光。这时的池塘如同怀春的少女，纯净、鲜活，富于青春的生命力。

夏中的蛙鸣是一天燥热的落幕。

凉风阵阵相送，萤火虫聚集在池塘壁上，发着幽幽的绿光，给夜色涂抹一层神秘。那时我们坐在院子乘凉，未围墙，风无阻挡。夜里的池塘化为一片玄色。唯有蛙的和鸣以及间或跃入池水的噗通声，增添了池塘的深沉。然后，白天会又一次打破这深沉。

生命律动起来，绿色大蜻蜓是少年的最爱，一个个小小的"直升机"绕着池塘循环往复地飞来飞去。这时，孩子们放学扔下书包，或逮一只飞蟆守在池塘边钓蛙，或用竹竿绑上铁丝圈，再粘上蜘蛛网，绕着池塘临岸捕蜻蜓，蜻蜓投网，翅膀便会被蜘蛛网黏住，这是在儿时伙伴玩耍最快乐的游戏了。而那些耐不住暑热的大人们和爱戏水的孩童也下水解暑，水性好的憋足气，一猛子扎下水，像鱼雷一样，一溜屁泡抵达对岸，赢来围观者一片叫好。

最美是雨期，密雨侵袭。池涨秋水，塘落珠玉。这时的池塘换去瘦骨，俨然身着一袭碧纱的丰腴少妇。一群小伙伴你追我赶，卷起裤腿赤脚挑沟引水，四面的积水混着黄泥汩汩泄入池塘里，孩子们陶醉于治水的欢乐胜利。

难忘老家门前的池塘，岁月将她凿成一块碧玉，深深地收藏于在我的脑海里。她是一道风景，她有灵性，汇集一村人的精神，是鉴照村子的精神之镜，她明亮清清，是村里观望周遭的眼睛。她是村子的空气湿度调节器，是孩子们的欢乐场，是旱天滋润庄稼的水源，是涝季吸纳雨水的储器。

数年未归，当我再一次站在老家门前的时候，那个曾经让人魂牵梦绕的池塘，如今已经堆满垃圾。往昔不再，那个楚楚如玉的池塘啊，恰如一个被埋葬的故人，再也找不到儿时心里那一块圣洁的碧玉了，曾经欢快戏水的白鹅、黄鸭、蜻蜓以及绿色的涟漪……那片浓重的绿终是消失了。池塘逝去，村子的灵魂与精神亦然是干涸了。那么还剩下什么？唯有用这酸楚的心，来凭吊一些片段不全的美好回忆罢了！

故塘难觅，一声叹息！池塘以其曾经的美丽向人们宣告：人与大自然的和谐关系不可移。如果我们一味沿着工业文明的轨迹而不顾其余，只能把人与自然对立起来，与自然运行法则即所谓的"道"渐行渐远。

千寻故塘今不在，一池碧玉入梦来。

【附录】

长安区大兆街道名人录

柳宗元（773年—819年），字子厚，河东（今山西运城）人。唐代著名诗人，古文运动的倡导者，唐宋八大家之一。曾居司马村，死于柳州任上，后归葬先人墓侧（现大兆街道司马村）。

杜 牧（803年—约852年），字牧之，京兆万年（今陕西西安）人。唐代杰出的诗人、散文家。曾游历少陵原，死后葬于祖茔（现大兆街道司马村）。

叶寿昌（出生年月不详），清末秀才，大兆街道二府井村人。学富五车，德操很好，被陕西省政府聘为先生，民国时在西安太学教习"皇学"。

翁树森（出生年月不详），清朝举人，大兆街道东伍村人。

李玉玺（出生年月不详），大兆街道三益村人。1946年倡议兴学，多方筹资，在北寺旧址上建起大兆乡第三完小，即今三益小学前身。

何承华（1919年—2005年），大兆街道西曹村人。曾任陕西省委常委、副省长、西安市委第一书记、陕西省人大常委会副主任等职。

关树人（1944年—2012年），大兆街道司马村人。曾任北京军区政治部副主任、天津警备区副政委、内蒙古军区副政委等职，少将军衔。

王松敏 （1953年2月生），大兆街道友联村人。现任陕西省高级人民法院党组副书记、副院长。

高京安 （1957年6月生），大兆街道高寨子村人。中国书法家协会会员。现任陕西省新闻出版广电局党组成员、纪检组组长。

成德奇 （1951年9月生），大兆街道庞留村人。曾任长安县委副书记、西安市长安区政协主席。

张瑜民 （1959年4月生），大兆街道司马村人。曾任西安市碑林区委常委、组织部长、西安市碑林区政协主席。

毋森保 （1945年—1995年），大兆街道中兆村人。曾任长安县委副书记、临潼县委书记、西安市农委副主任。

王巨川 （1950年10月生），大兆街道三益村人。曾任陕西旅游出版社社长、新西部杂志社社长。

许小平 （1943年生），大兆街道庞留村人。律师。曾获得司法部优秀律师、省级劳模、西安市十佳律师、西安市有突出贡献的专家等称号。

王维岳 （出生年月不详），大兆街道庞留井村人。新中国成立后担任村第一任农会主任，组织互助组，初级社进高级社。曾进京受过毛主席接见。

常俊峰 （1927年—2016年），大兆街道东曹村人。曾任青海省果洛州委副书记。

常志民 （1942年—2007年），大兆街道东曹村人。曾任铁道部第一工程局副局长、第四工程局局长。

傅功振 （1949年1月生）大兆街道大兆村人。曾任中国民间艺术协会理事，陕西师范大学文学院教授、陕西省民间文艺家协会主席、陕西省政府特聘非物质文化遗产评审专家。

傅功成 （1949年11月生），大兆街道大兆村人。教授。曾任武汉大学东湖分校党委书记。

柏　明 （1940年生），大兆街道大兆村人。西北大学教授、博士生导师，轩辕黄帝研究专家。

李义平 （1951年5月生），大兆街道二府井村人。北京大学第一个经济学博士后，中国人民大学经济学教授、博士生导师，著名的实力派经济学家，被誉为经济学界的"进京三杰"。

傅嘉义 （1945年—2001年），大兆街道大兆村人。研究员。曾任中国书法家协会会员，西安中国书法艺术博物馆馆长，陕西省书法家协会副主席。

许　巍 （1968年7月生），大兆街道庞留村人。中国内地摇滚歌手，曾获"中国十年最具影响力音乐人物"。

李　梅 （1969年6月生），大兆街道甘堡村人。国家一级演员，十二届全国人大代表。中国戏剧"梅花奖"获得者，现任陕西省戏曲研究院院长。

孟　忠 （1945年—2016年），大兆街道孟家岩村人。农民剧作家。其中6个剧本获得省、市创作一等奖。

曹印武 （1916年—2010年），大兆街道新庄村人。民间红拳大师。倡导强身健体，反对恃强凌弱，曾广泛传习武术，徒弟多达300余名。

黄秀英 （1960年2月生），大兆街道章曲村人。艰苦创业30年，成立西安皮薄餐饮有限公司。先后荣获全国"三八红旗手"、"全国先进个体工商户"称号。

呼延小舟 （1969年10月生），大兆街道三益村人。中国书法艺术研究院研究员、西安市书法家协会副主席。

骆晓敏 （1954年11月生），大兆街道庞留村人。国家一级美术师、陕西书画院副院长、长安大学艺术系兼职教授。

【后记】

老家少陵原，自古就是风水宝地。浐河像蜿蜒盘曲的巨龙将它拥抱怀中，烟波浩渺的曲江风临杜陵，风景秀丽的终南山近在咫尺，久负盛名的樊川醉卧原下……这一切，彰显着大兆的自然与人文之美，开启了大兆的现代与未来之窗。

美丽的大兆，座落于少陵原的龙脉之上。伴随着改革开放的春风，近几年来，大兆街道党工委、办事处，一方面按照习近平总书记提出的"注意乡土味道、保留乡村风貌、留得住青山绿水，记得住乡愁"的新要求，注重梳理历史文脉，挖掘地方特色文化，全面展示独特的人文历史和文化魅力，如椽巨笔书写出了文物保护与科学发展的美好画卷。一方面以"五个扎实"和追赶超越为引领，紧紧围绕建设经济强、百姓富、生态美、环境优的国际化大都市新型城区这一奋斗目标，以绿色农业塑造生态品牌，以人文历史激发内生动力，以经济发展提升民生福祉，全力打造"城乡一体、产业发展"的新型城镇，全街道上下形成了干事创业、改革创新的强大合力。

如果说少陵原是一部深邃厚重的史书，那么大兆则是历史卷轶中最华丽的章节。千年沧桑、百年巨变，少陵原上故土厚重的人文历史，大兆古镇古色古香的味道，使我丝毫没有轻松感。要从浩繁的史料中，寻找历史变迁的踪迹，何等艰难和不易。总在担心难以准确挖掘历史的渊源，唯恐在编辑中有所遗漏。令人欣慰的是，在各方的鼎力支持下，《原乡大兆》一书的编辑工作顺利完成。怎奈其中还有很多历史传说无证可查，有许多珍贵的文史资料无法核实，不足以完全呈现出少陵原及大兆最完美的历史画面，仅仅碎片式地梳理出少陵原乃至大兆的历史文本，概略性地勾画出改革开放三十年来特别是近年来大兆科学发展的轨迹。

提起笔来，浓墨描摹大兆现代农业沁人心脾的芬芳；举起相机，行摄九曲浐河那昂扬的生命力；走遍村寨，记录一尊尊栩栩如生惟妙惟肖的石雕艺术，虽苦犹乐、又乐彼不倦。作为一名原上人、一名摄影者，没有什么比为家乡做一点事更值得渴望，更让人欣慰！于是，凭借多年积累的摄影和编辑经验，在影像的语言表达上，我选择了两种呈现方式，即：黑白图片，旨在以精致唯美的影像展现自己眼中的大兆；彩色图片，主要体现出大兆的丰富多彩和时尚魅力。

跨入新时期的大兆虽然生态优美、繁荣富庶，但在我看来，她的美不在于喧哗和热闹，也不在于色彩缤纷，而是在于她独特的素雅与静谧。

《原乡大兆》的编写和出版得到了大兆街道党工委、办事处的大力支持。西安市长安区政协主任徐树安、陕西省作家协会副主席、陕西师范大学教授朱鸿先生欣然作序；长安区政协原主席成德奇、大兆街道原党工委书记肖忍利、秦伟立等提出了中肯意见；西安创典文化传媒有限公司总经理贺平安给予了精心指导；李龙盛、张妮、王渊平、樊号民、李杰、张军峰、杨卫生、杜丛毅等同志分别提供了优美的图片和散文；西安创典文化传媒有限公司的同志对书稿的采编和设计工作投入了大量的精力、付出了辛勤劳动，在此一一表示感谢。

由于时间匆忙，疏漏之嫌、遗珠之憾在所难免，不足之处，敬请各界人士提出批评指正。

王润年
2017 年 3 月